Palavras Explosivas

Leia também:

NOAM CHOMSKY
11 de Setembro
O Lucro ou as Pessoas?

• • •

MILAN RAI
Iraque: Plano de Guerra

• • •

MITCHELL & SCHOEFFEL (Orgs.)
Para entender o poder: o melhor
de Noam Chomsky

• • •

AMY GOODMAN
Corrupção à Americana

Palavras Explosivas

Entrevistas da revista
The Progressive
por David Barsamian

Apresentando
Eqbal Ahmad, Tariq Ali, Ben Bagdikian, Taylor Branch,
Noam Chomsky, Edwidge Danticat, Angela Davis,
Eduardo Galeano, Danny Glover, Juan Gonzalez,
Ralph Nader, John Pilger, Ahmed Rashid, Arundhati Roy,
Edward Said, Amartya Sen, Vandana Shiva, Haunani-Kay Trask,
Kurt Vonnegut e Howard Zinn

Tradução
Cássia Nasser

Copyright © 2004 David Barsamian
Publicado mediante contrato com South End Press, Cambridge, MA.

Título original: *Louder Than Bombs*

Capa: Rodrigo Rodrigues

Editoração: DFL

2006
Impresso no Brasil
Printed in Brazil

CIP-Brasil. Catalogação na fonte
Sindicato Nacional dos Editores de Livros – RJ

B289p	Barsamian, David
	Palavras explosivas: entrevistas da revista The Progressive/por David Barsamian; apresentando Eqbal Ahmad... [et al.]; tradução Cássia Nasser. – Rio de Janeiro: Bertrand Brasil, 2006.
	304p.
	Tradução de: Louder than bombs
	ISBN 85-286-1191-4
	1. Reformadores sociais – Entrevistas. 2. Ativistas políticos – Entrevistas. 3. Ação social. I. The Progressive (Revista). I. Título: Entrevistas da revista "The Progressive".
06-1842	CDD – 303.484
	CDU – 316.628

Todos os direitos reservados pela:
EDITORA BERTRAND BRASIL LTDA.
Rua Argentina, 171 – 1º andar – São Cristóvão
20921-380 – Rio de Janeiro – RJ
Tel.: (0xx21) 2585-2070 – Fax: (0xx21) 2585-2087

Não é permitida a reprodução total ou parcial desta obra, por quaisquer meios, sem a prévia autorização por escrito da Editora.

Atendemos pelo Reembolso Postal.

Agradecimentos

Meus agradecimentos e gratidão a todos que me permitiram entrevistá-los. O tema do Fórum Social Mundial é "Um outro mundo é possível". Os participantes de *Palavras Explosivas*, sem dúvida, apontam para essa possibilidade. Infelizmente, dois companheiros não estão mais entre nós: Eqbal Ahmad e Edward Said. Amigos e aliados, ambos inspiraram-se no ditado gramsciano: pessimismo do intelecto, otimismo da vontade. A obra e a memória deles sobrevivem. O falecido Erwin Knoll, antigo editor de *The Progressive*, sempre me incentivou em meu trabalho. É um prazer trabalhar com seu sucessor, Matthew Rothschild. A South End Press e Joey Fox deram todo o apoio a este projeto. Muito obrigado à KGNU, em Boulder, uma das melhores estações de rádio comunitária em todo o mundo. Obrigado à Lannan Foundation, em Santa Fé, e a Anthony Arnove pela orientação e amizade.

David Barsamian
Boulder, Colorado
março / 2004

Sumário

Introdução	9
Edwidge Danticat	15
Kurt Vonnegut	27
Ahmed Rashid	37
Danny Glover	49
John Pilger	57
Tariq Ali	67
Edward Said	77
Amartya Sen	87
Arundhati Roy	103
Angela Davis	119
Haunani-Kay Trask	131
Juan Gonzalez	143
Ralph Nader	155
Noam Chomsky	167
Eduardo Galeano	187
Edward Said	205
Taylor Branch	225
Eqbal Ahmad	241
Vandana Shiva	261
Howard Zinn	275
Ben Bagdikian	291

Matthew Rothschild
Introdução

Sou fanático por entrevistas. Depois de apreciar metade de uma revista ou de um jornal, e de ler cada artigo, cada matéria, sobre os problemas de nossa sociedade, quero respirar. Entrevistas, se bem-feitas, proporcionam o oxigênio necessário para isso. Contudo, vão além. Colocam em destaque um rosto humano, revelam as sutilezas intrigantes do entrevistado, refletem o frescor e a mordacidade da língua falada, ganham vida com o dar e o receber de dois intelectuais atuantes e são fonte de inspiração. David Barsamian é um mestre do gênero. Desde que começou a realizar entrevistas para The Progressive, em 1997, Barsamian aplicou sua inteligência poliglótica e polimática a uma série de assuntos. Como o próprio Eduardo Galeano descreve em uma dessas entrevistas, Barsamian também é *"un curioso"* — um indivíduo com grande curiosidade intelectual, cultural e política.

As entrevistas de Barsamian, reunidas, representam uma colagem de alguns de nossos principais críticos sociais. Assim, não foi por acaso que a primeira entrevista que fez, para nós, tenha sido com Ben Bagdikian, o grande crítico de mídia. Não foi por acaso, porque Barsamian tem um interesse antigo no controle empresarial da mídia e faz Bagdikian contar, com riqueza de detalhes, sobre jornais que insistem em mais cortes, ainda que estejam ganhando dinheiro. "É a economia do obeso que, sentado à mesa farta, não tem a opção de escolher entre três tipos de rosbife." Mas também não foi por acaso porque, como Barsamian, Bagdikian é americano de origem armênia. O legado armênio, com ambos compartilhando histórias familiares dolorosas do genocídio armênio no início do século XX, torna-os intensamente conscientes da capacidade humana para praticar crueldade em massa. A habilidade de lembrar esse passado é pré-requisito para ser um indivíduo moral. Foi Hitler quem disse: "Quem, afinal de contas, menciona a aniquilação dos armênios?" Na primeira entrevista, ambos, Barsamian e Bagdikian, falam dessa aniquilação.

Fazer uma boa pergunta, às vezes, significa fazê-la de modo simples. E é o que Barsamian faz quando se dirige a Howard Zinn: "Sente saudades de lecionar?" Zinn responde:

> Sinto falta da sala de aula e do encontro com os alunos. Mas não estou completamente afastado disso, porque viajo por todo o país e falo a grupos de jovens e, de certa forma, leciono. Conseqüentemente, não sinto saudades do magistério tanto quanto sentiria se me aposentasse apenas para jogar tênis.

(Por algum motivo, a imagem de Zinn jogando tênis me faz rir.) Naquela mesma entrevista, Zinn dá conselhos sábios sobre a paciência que se exige de ativistas políticos, sobretudo em tempos difíceis. Ele diz aos ativistas: "Acendam o fósforo, acendam o fósforo, acendam o fósforo, sem saber com que freqüência ele vai crepitar e apagar e quando irá arder."

Barsamian também consegue fazer com que Noam Chomsky confesse que sua realização está prestes a acontecer: "Tenho um neto atleta que, finalmente, me ajudará a realizar um sonho secreto, que é o de ter uma desculpa para ir a um jogo de basquete profissional. Não sei se deveria revelar esse fato, mas vou ao meu primeiro jogo em quase cinqüenta anos." E Chomsky admite que Jeff Greenfield, quando trabalhava para *Nightline*, estava certo ao dizer que havia duas razões pelas quais ele não poderia ir ao programa: "Em primeiro lugar, sou de Netuno. Em segundo, não sou conciso. Concordo com ele." Barsamian, sempre rápido no gatilho, perguntou-lhe por que era de Netuno — é preciso ler a entrevista para descobrir.

São esses momentos de revelação que, para mim, representam os maiores triunfos de Barsamian, por exemplo, quando a escritora americana de origem haitiana, Edwidge Danticat, fala sobre seu fascínio por máscaras:

> Por ser uma criança tímida, sempre desejei uma máscara. Mesmo na vida adulta, uso óculos. São minha máscara. Quando conheço alguém, sempre coloco meus óculos, porque é como se fosse algo a mais entre mim e o outro... A história é uma máscara; os personagens que criamos são máscaras. Isso me atrai.

Ou leia a entrevista de Barsamian com Danny Glover, na qual o ator estava particularmente capcioso: "O mundo mudou em conseqüência de Denzel e Halle terem recebido o Oscar? Estamos gastando o necessário com a AIDS? Reduziu-se o número dos sem-teto?"

Muitos dos entrevistados de Barsamian relembram por que se tornaram rebeldes. Vandana Shiva, que protesta, incansavelmente, contra alimentos transgênicos, recorda quando tinha 6 anos e queria um vestido de náilon como todas as outras garotas com as quais cresceu na Índia: "Eu estava desesperada para ganhar um vestido de náilon no meu aniversário. Minha mãe disse: "Posso comprá-lo, mas você prefere — levando em conta a forma como você vive, o que traja e o que come — garantir que o alimento chegue às mãos do tecelão ou garantir que o lucro vá para o banco de um industrial?" Hoje, Vandana Shiva diz que "se emociona ao se defrontar com esses figurões e reconhecer como são tão vazios, apesar de possuírem tanto poder."

Arundhati Ray, como Vandana Shiva, também deve muito à mãe independente. "Agradeço a Deus por não ter tido nada do que uma garota indiana normal, de classe média, teria", diz ela a Barsamian. "Não tive pai, nenhuma presença masculina nos dizendo que cuidaria de nós e, em troca, nos espancaria de vez em quando. Não tive casta, nem classe, nem religião, nenhum dos cabrestos tradicionais." Um ponto alto de Barsamian é que não elimina perguntas ou respostas mesmo quando criticado. Eis um trecho que adoro naquela mesma entrevista com Arundhati Roy:

> Barsamian: Você se sente responsável em relação a essas vozes silenciosas que clamam por você?
> Roy: Não. Não sinto responsabilidade, porque essa é uma palavra muito chata.

Há trechos divertidos. Eduardo Galeano diz: "Sei muito bem que vou para o inferno e estou treinando em países tropicais quentes para suportar as chamas." Kurt Vonnegut diz: "Bush nos diverte com o que denomino Super Bowl republicano, disputado pelas classes inferiores com munição humana." E há momentos de grande autoconsciência. Eis o que diz Angela Davis, recusando-se a ter sua imagem vinculada à década de 1960. As pessoas daquela época "costumam usar-me para pensar na própria juventude," ela diz:

INTRODUÇÃO 13

Tudo bem, mas essa não sou eu exatamente, e, de certa forma, isso acaba sendo irritante. Nesses anos todos, tentei crescer e desenvolver-me. Não sou a mesma do início da década de 1970... Não quero apresentar-me como a veterana que sabe todas as respostas, como alguns da minha geração o fazem.

Também há momentos de assustadora presciência. O intelectual americano de origem paquistanesa Eqbal Ahmad diz a Barsamian em novembro de 1998: "Osama bin Laden é um sinal do que virá." Ahmad descreve uma visita ao Afeganistão sob o regime do Talibã e vê um garoto ser condenado à morte pelo crime de brincar com uma bola de tênis. Ahmad não tinha negócios com o Talibã, mas Washington, sim, ele enfatiza. E coloca, em perspectiva, alguns dos motivos por trás do terrorismo que levaram ao 11 de setembro.

No momento, os árabes são um povo extremamente humilhado, frustrado, agredido e insultado... Agora esse povo tem apenas duas opções, segundo a opinião de seus jovens: ou torna-se ativo, luta, morre e recupera a dignidade perdida, as soberanias perdidas, as terras perdidas, ou torna-se escravo. O terrorismo tem sua história.

Edward Said reflete sobre o horror do 11 de setembro e "o espírito cósmico, demoníaco, em ação" naqueles ataques — um espírito "que se recusou a ter qualquer interesse no diálogo, organização política e persuasão". Ele então faz um alerta que, para nossa infelicidade, Bush não ouviu: "Punir [bin Laden] corretamente e não destruir o mundo que o cerca e a nós mesmos."

Está tudo aqui, nessas entrevistas: percepções profundas sobre o mundo perigoso em que vivemos, lampejos de autobiografia, apartes cômicos e orientações indispensáveis sobre como sobreviver em tempos tão angustiantes.

Uma ou duas considerações finais: trabalhar com David Barsamian é um dos grandes prazeres que tenho em minha profissão. Ele segue, obstinadamente, o rastro de seu entrevistado e não descansa mesmo quando entrega a fita ou a transcrição. Extremamente meticuloso, é tão editor quanto eu, faz questão de que tudo esteja perfeito. Também admiro sua personalidade e suas convicções. Homem de incrível energia, disposição otimista, abordagem ecumênica e interesse em relação à política progressista, Barsamian não tem paciência com as lutas sectárias. É memorável o que disse certa vez sobre aqueles na esquerda que apreciam essas batalhas: "os minúsculos atacando ferozmente os pequeninos para tornarem-se infinitesimais." Não há pequenez aqui, mas generosidade e, sobretudo, curiosidade.

Aproveite esta coletânea tanto quanto eu aproveitei.

Edwidge Danticat

Outubro 2003

Edwidge Danticat ganhou o American Book Award, em 1998, com o livro *The Farming of Bones* (Soho Press). Nascida no Haiti em 1969, imigrou para o Brooklyn em 1981 para juntar-se aos pais, que, para lá, tinham ido anos antes. O pai era taxista, a mãe trabalhava na indústria têxtil. Depois que os pais deixaram o Haiti, foi criada pela tia, por quem tem grande afeição.

Danticat explora a experiência de imigração e a história da terra natal em busca de inspiração. Seu primeiro livro, *Breath, Eyes, Memory* (Soho Press), foi publicado em 1994. No ano seguinte, a coletânea de contos *Krik? Krak!* (Soho Press) foi indicada para o National Book Award. "Escrever é como trançar os cabelos", ela escreve em *Krik? Krak!*. "Pega-se um punhado de fios ásperos, rebeldes e tenta-se uni-los... Algumas das tranças são longas; outras, curtas. Algumas são espessas; outras, finas. Algumas são pesadas; outras, leves."

No ano passado, ao contrário do que se esperava, escreveu uma obra não fictícia intitulada *After the Dance: A Walk Through Carnival in Jacmel, Haiti* (Crown Journeys). Rico em reportagens, é um livro com excelentes observações sociológicas e material de viagem. Sua próxima obra chama-se *The Dew Breaker*. Além disso, está trabalhando em um livro infantil sobre

Anacaona, uma mulher de origem aruaque líder no Haiti antes da independência.

Ela não gosta de ser vista como oráculo ou intérprete de americanos de origem haitiana. "Acho que me atribuíram essa função, mas não me vejo como a voz dos haitianos na América". disse certa vez e acrescentou: "Há muitas; sou apenas uma."

Minha primeira entrevista com Danticat foi quando esteve em Boulder, em meados da década de 1990. Fiquei impressionado não só com seu intelecto perspicaz e com seu desejo de dizer coisas com exatidão, mas também com seu senso de humor. Naquela entrevista, não deu respostas comuns. A mesma coisa aconteceu no início de agosto, quando lhe telefonei em Miami, onde mora.

Sobre o que é seu novo livro, The Dew Breaker?

É uma coletânea de contos inter-relacionados, como em *Krik? Krak!*. Gira em torno de um torturador durante os trinta anos de ditadura de Duvalier. O livro é sobre esse indivíduo e sobre algumas de suas vítimas. O principal personagem vive agora no Brooklyn e é dono de uma barbearia. Eu queria explorar como uma pessoa dessas continua levando a vida e como suas vítimas convivem com as cicatrizes da ditadura. Em geral, quando migramos, encontramo-nos com esses indivíduos — os torturadores e as vítimas misturados no mesmo bairro. Uma das coisas que despertou meu interesse nesse assunto foi o caso de Emmanuel Constant, que deu início a uma milícia chamada FRAPH [Frente para o Avanço e Progresso do Haiti], auxiliada pela CIA. A FRAPH matou milhares de haitianos no início da década de 1990. Porém, enquanto Constant vive com todo o conforto no Queens, outros haitianos são deportados. Eu queria ver como aqueles que foram feridos por gente assim lidam com o fato de estar frente a frente com seus torturadores.

Faulkner disse "O passado nunca morre — não é nem mesmo passado".

Exatamente. Sobretudo no caso de migrantes. Tentamos, a todo custo, manter alguns aspectos do passado e esquecer outros, mas, na maioria das vezes, não temos escolha. Procuramos guardar as lembranças belas, mas outras coisas do passado nos dão calafrios. O passado é como o cabelo na cabeça. Mudei para Nova York aos 12 anos, mas sempre há a sensação de que não importa de onde viemos; fisicamente, deixamos o lugar, mas ele não nos deixa.

Constant é procurado no Haiti.

Constant foi condenado à prisão perpétua, à revelia, por crimes contra o povo haitiano, mas está em segurança nos Estados Unidos. E não são apenas torturadores haitianos que se refugiam aqui. Há exemplos de indivíduos que realizaram massacres nos Bálcãs, na América Central e na Indonésia que agora vivem impunemente neste país. O governo é muito seletivo ao decidir quem são os terroristas.

Seu livro The Farming of Bones *tem como tema um aspecto importante, mas muito negligenciado da história haitiana: o massacre de 1937, comandado pelo ditador dominicano Trujillo. O exército, usando a repatriação como estratagema, reuniu dezenas de milhares de haitianos que viviam na República Dominicana. Quantos foram mortos?*

As estimativas vão de 14.000 a 40.000. Estou mais inclinada a acreditar no valor maior. Em seguida, a República Dominicana ofereceu ao governo haitiano algo em torno de 50 centavos de recompensa por pessoa morta.

O que você descobriu ao escrever aquele livro?

A parte mais triste de toda a história foi ver como aquele episódio está tão associado ao que acontece hoje. Nosso povo ainda trabalha nos canaviais na República Dominicana. As pessoas ainda são repatriadas o tempo todo da República Dominicana para o Haiti. Alguns contam que são retirados de ônibus porque parecem haitianos, e suas famílias estão na República Dominicana há muitas gerações. Crianças haitianas nascidas na República Dominicana ainda não podem freqüentar a escola e são forçadas a trabalhar nos canaviais. Não é, na verdade, uma lembrança; é um fato que tem uma relação contínua. E o massacre é algo que as pessoas sempre temem que possa acontecer novamente.

A história toda entre o Haiti e a República Dominicana é complicada. Compartilhamos a ilha de Hispaniola, e o Haiti ocupou a República Dominicana durante 22 anos, a partir de 1804, temendo que os franceses e os espanhóis voltassem e reinstituíssem a escravidão. Portanto, vivemos essa situação singular: somos duas nações independentes na mesma ilha, mas cada comunidade vivencia os próprios ressentimentos. Até hoje, as pessoas entreolham-se e dizem: "Você ocupou meu país" ou "Trujillo matou membros da minha família".

C.L.R. James escreveu que o Haiti foi "a maior colônia do mundo, o orgulho da França e a inveja de todas as outras nações imperialistas". Compare isso hoje, quando o Haiti é um dos países mais estigmatizados do mundo, quase sinônimo de destituição, desespero, violência, refugiados e AIDS.

Chamavam-nos de "a Pérola das Antilhas", a colônia mais produtiva — mas produtiva para quem? Não para os escravos que trabalhavam nas plantações. Era uma colônia rica, mas, depois que o colonizador saiu, levou consigo toda a riqueza. Não estou procurando desculpas. Cometemos nossos erros, também. Mas começamos com muitos pontos negativos que, ainda hoje, estão contra nós.

A revolução haitiana foi recebida com hostilidade pelos Estados Unidos, que não gostaram de negros escravizados liderando uma revolução e expulsando os franceses.

Era um exemplo "ruim" para os escravos americanos. O Haiti sofreu um embargo dos Estados Unidos que, ao lado de muitos outros países, recusaram-se a reconhecer a nova república.

O líder daquela revolta foi Toussaint L'Ouverture, alguém praticamente desconhecido nos Estados Unidos.

Ele foi um dos líderes. Havia outros: Boukman, um jamaicano que, em 1791, organizou uma cerimônia vodu na qual as pessoas prometiam lutar pela liberdade ou morrer. Havia Mackandal. E, então, L'Ouverture, que havia recebido treinamento militar, estava em uma fazenda onde começou a organizar-se. Havia também líderes como Jean-Jacques Dessalines, cujo lema era: "Cortem a cabeça deles, incendeiem suas casas". L'Ouverture foi levado do Haiti e ficou preso na França, onde morreu. Wordsworth escreveu um poema sobre ele. Um dos ditos mais citados de L'Ouverture, quando estava prestes a ser levado pelos franceses, era: "Vocês podem cortar os galhos da árvore da liberdade, mas não podem destruir as raízes, porque são fortíssimas e numerosas." Era um líder fenomenal, mas é importante reconhecermos os outros, porque é um problema acharmos que um indivíduo pode fazer uma revolução seja agora, seja no passado.

Os Estados Unidos invadiram o Haiti em 1915 e lá permaneceram até 1934. Seguiram-se décadas de ditadura. Que tipo de legado isso deixou no Haiti?

Um legado muito forte, com o qual ainda estamos convivendo. Por exemplo, toda a estrutura militar no Haiti, que existia antes do início da década de 1990, foi criada pela ocupação americana. No alto escalão havia oficiais brancos sulistas, liderando o exército que esmagou a resistência local — os *cacos*. Ao chegar, um oficial americano de alta patente disse: "E pensar que esses negros falam francês!". Depois, oficiais haitianos freqüentaram a infame School of the Americas em Fort Benning. A ameaça dos Estados Unidos é algo que sempre paira sobre nossas cabeças: se não nos comportarmos, teremos outra ocupação.

Você mencionou Boukman. Há um famoso grupo musical haitiano chamado Boukman Eksperyans, que faz música de raiz. Comente a relação entre cultura e resistência.

Boukman, cujos carnavais costumam ser popularíssimos, sem dúvida, fala ao povo sobre as raízes do problema. Todos cantam e dançam, mas, mesmo assim, entendem a mensagem. O grupo transformou o que antes era *Vodou* cerimonial — note que se escreve *v-o-d-o-u* — e o tornou público, igualmente belo e comemorativo, mas também música de protesto.

Por que se escreve assim?

Porque quando se pensa nessa religião, diz-se "*voodoo*" isso, "*voodoo*" aquilo, da maneira como os filmes de Hollywood o mostram, ou seja, o ato de espetar alfinetes em bonecas. É muito diferente de *Vodou* — uma religião que chegou ao Haiti trazida por nossos ancestrais africanos. Quero diferenciá-lo da visão estereotipada, sensacionalista que vemos dessa religião: " economia voodoo", "voodoo" isso, "voodoo" aquilo. *Vodou* é uma das religiões praticadas no Haiti, uma religião rica para o povo.

Em seu livro After the Dance, *você escreve que a AIDS é "uma questão dolorosamente complexa para nós, haitianos". Por quê?*

Na década de 1980, quando começavam a falar sobre a AIDS, havia apenas algumas categorias de alto risco: homossexuais, hemofílicos, viciados em heroína e haitianos. Éramos os únicos identificados pela nacionalidade. Logo, a impressão que se tinha da mídia era de que todos os haitianos tinham AIDS. Na época, eu acabara de chegar do Haiti. Tinha 12 anos, e o prédio no qual morava tinha, praticamente, apenas haitianos. Muita gente perdeu o emprego. Na escola, às vezes, na aula de educação física, ficávamos separados porque os professores temiam o que poderia acontecer se sangrássemos. Portanto, havia essa intensa discriminação. O FDA [Food and Drug Administration] colocou-nos na lista de pessoas que não podiam doar sangue. Assim, a AIDS foi algo que nos impuseram, e passamos a ser, imediatamente, identificados com ela. É injusto. Sempre digo: "Todos nós convivemos com a AIDS." Não se pode evitá-la, faz parte do nosso mundo.

Você analisou o tratamento de imigrantes haitianos. O Ministro da Justiça, John Ashcroft, diz que os refugiados haitianos constituem uma ameaça à segurança nacional. Por quê?

Mudei recentemente para a Flórida. Vejo a nítida desigualdade entre o tratamento dado aos refugiados haitianos e aos cubanos. Ambos os grupos vêm para cá porque suas vidas são igualmente desesperadas. Mas, ao chegarem, os haitianos são presos, e alguns, imediatamente deportados, ao passo que os cubanos permanecem e se qualificam para o pedido de cidadania. Não estou dizendo que os cubanos não mereçam asilo, mas, se é uma questão de segurança nacional, há gente que vem de Cuba em aviões seqüestrados. Por que isso não é uma questão de segurança nacional? E, recentemente, o Ministro fez outra alegação surpreendente, a de que era possível que terroristas paquistaneses estivessem vindo nesses barcos do Haiti. Até agora, ninguém viu um paquistanês chegar de barco do Haiti. Ashcroft não conseguiu citar sequer um caso.

Você já foi a esses centros de detenção de imigrantes na Flórida. Como são?

Fui com um grupo a Krome, o maior centro de detenção, que fica mais ou menos no fim do mundo. É um centro para homens. Nós nos reunimos com um grupo que veio para a área de lazer. Encontramos muitos deprimidos, achando que foram criminalizados por tentar vir para cá. Muitos falaram em cometer suicídio. Alguns estão lá há mais de um ano e não têm a menor idéia de qual será seu destino.

Qual sua opinião sobre o ataque de Bush ao Iraque?

Essa situação poderia ter sido resolvida de outra forma. E a justificativa — a idéia de que temos o direito de invadir outro país e de determinar o destino de outros povos — é assustadora. E realmente temo pelo futuro dessa ocupação. O que acontece agora, daqui a vinte anos, e daqui a quarenta anos, tendo em vista nosso caso? Quem está nos Estados Unidos pode achar que a ocupação acabou, apenas porque não a vemos na CNN 24 horas por dia. Mas não acaba para quem vive sob ela — e para seus filhos e para os filhos de seus filhos.

Qual sua opinião sobre Aristide?

Esta pergunta é capciosa. Ainda sou de opinião que ele foi eleito pelo povo. Não posso realmente avaliar quanta mudança ocorreu desde 1990. Sei que ele tem defensores e detratores. Citarei Brecht: "Estou do lado do povo." O que o povo decidir sobre ele, aceitarei. Neste momento, a vida é dura no Haiti. E o pior é que o futuro não está nas mãos de uma só pessoa. Costuma-se colocar grande parte do foco em Aristide. Ele não pode salvar o Haiti, nenhum indivíduo pode. Ele não pode fazer mágica e melhorar tudo. Estamos diante de um culto da personalidade: uma única pessoa pode salvar o Haiti?

Percebo sua reticência em falar sobre Aristide.

Na verdade, tenho dificuldade em falar sobre ele porque não sei. Não consigo interpretar a situação muito bem. Não posso dizer, como alguns, que ele é péssimo, nem, como outros, que ele é ótimo.

Conte-me sobre seu ofício. Você disse que, desde muito cedo, escrever era um "refúgio" para você. Na infância, tinha "aspirações artísticas secretas". Em que modelos você se inspirou?

Meus modelos eram orais, eram contadores de histórias, a exemplo de minhas avós e tias. Muitas pessoas na minha vida não eram alfabetizadas no sentido formal, mas eram contadoras de histórias. Assim, eu tive a experiência de observá-las inventarem uma história de repente. Adorava aquilo. Elas prendiam o público e liam o rosto das pessoas para ver se o que estavam dizendo as cativava. Se estivesse monótono, aceleravam o ritmo, e se estivesse rápido demais, desaceleravam. Portanto, toda aquela interação entre narradores e ouvintes teve fortíssima influência sobre mim.

Quando comecei a freqüentar a escola, escrever era doloroso. Mas quando comecei a ler outras coisas — os livros *Madeline* sobre uma garotinha na França — pensei, ora, é mais ou menos o que minha avó faz, exceto que esta história nunca muda. Mas não sei exatamente quando coloquei na cabeça que queria e podia escrever. Acho que, simplesmente, aconteceu.

Fiquei impressionado com After the Dance *como obra de jornalismo. Como você o criou?*

After the Dance foi minha primeira tentativa em não-ficção. Nunca tinha participado do carnaval, o que queria muito. Parecia muito divertido. E queria escrever algo alegre e comemorativo sobre o Haiti. E ir ao carnaval deu-me a oportunidade de fazê-lo, porque é uma das ocasiões no Haiti em que as pessoas abandonam a divisão de classes e misturam-se.

Máscaras são muito importantes no carnaval. Você parece atraída por elas. Por quê?

Mesmo quando penso em escrever ficção, é como se eu fosse uma mentirosa, uma contadora de histórias, uma tecelã, e há aquele questionamento de até que ponto aquilo é sua vida. A história é uma forma de desemaranhar a vida por trás de uma máscara. Mas a idéia de usá-la em uma multidão, na qual se pode ser qualquer pessoa, sempre me interessou, porque, às vezes, quando estamos mais protegidos, somos mais corajosos. E, por ser uma criança tímida, sempre desejei uma máscara. Mesmo na vida adulta, uso óculos — são minha máscara. Quando conheço alguém, sempre coloco meus óculos, porque é como se fosse algo a mais entre mim e o outro. É como o poema de Laurence Dunbar "Nós usamos a máscara". Acho que todos usamos algum tipo de máscara. Há máscaras que nos protegem do próximo, mas há aquelas que nos dão coragem, e é isso que se vê no carnaval. A criança mais tímida coloca uma máscara e pode fazer qualquer coisa e ser qualquer um. Portanto, às vezes, nós nos mascaramos para nos revelar ainda mais, e, para mim, isso sempre esteve relacionado ao fato de ser escritor: contamos mentiras para contar uma verdade maior. A história é uma máscara; os personagens que criamos são máscaras. Isso me atrai. Além disso, também, no carnaval, as máscaras são belas e proporcionam uma visão da criatividade haitiana.

Há um momento maravilhoso em After the Dance *sobre o embaixador americano, que está participando do carnaval.*

No palanque VIP estavam os dignitários estrangeiros, a rainha do carnaval, os senadores e as pessoas importantes que vinham de longe. E, naquele ano, o maior carro alegórico mostrava uma cena de refugiados haitianos com homens vestidos de oficiais da Guarda Costeira e gente caindo do barco, a multidão servindo de mar. De repente, o embaixador americano ouviu a multidão cantar uma cantiga popular sobre como "estamos vendendo o país em dólares americanos". Foi um daqueles momentos absurdos em que o carnaval e a vida fundiram-se. O carnaval é uma comemoração da história e nele ecoa muito do que somos, dos aruaques aos escravos, passando pela colonização, até os dias de hoje. É algo que pulsa com essa história viva. É comum pensar no Haiti como um lugar onde não se pode ter qualquer alegria. Eu quis mostrar o contrário.

Kurt Vonnegut

Junho 2003

Em 23 de fevereiro, subi os degraus do prédio elegante, castanho-avermelhado, de Kurt Vonnegut, em Manhattan, e toquei a campainha. Fui saudado com um sorriso e com uma massa de cabelos encaracolados e grisalhos. Então ouvi: "Morda-o!" Aos pés de Vonnegut havia um cachorrinho branco de aparência submissa. A ordem do dono foi ignorada. O cão ergueu os olhos para mim e parecia muito entediado. Vonnegut lamentou o fato de não conseguir fazer que o animal o obedecesse.

Tudo que se ouviu sobre esse mestre da narração de histórias, agora com 80 anos, é verdade. Ele é irreverente e desligado. E muito engraçado. Quando lhe confessei que não tinha lido todos os seus livros, ele disse: "Pode ir embora."

Na tarde que passamos juntos em sua sala de estar, fumou um Pall Mall atrás do outro. Quando mencionei o óbvio, ele disse: "Estou tentando morrer, mas não está funcionando." E depois riu.

Recentemente, passou a escrever uma coluna para a revista *In These Times*, na qual responde a perguntas de leitores. Seu desdém por Bush é palpável. "A América já era odiada em todo o mundo muito antes do golpe de Estado do Mickey Mouse", escreveu há pouco tempo. "E não éramos odiados, como Bush queria, por causa de nossa liberdade e por causa da nossa justiça para

PALAVRAS EXPLOSIVAS

todos. Odeiam-nos porque nossas organizações são os principais causadores e determinantes de novas tecnologias e de esquemas econômicos que destroem culturas."

Vonnegut foi capturado durante a Batalha do Bolsão, em dezembro de 1944, e levado para um campo de prisioneiros de guerra em Dresden. Suas experiências ali resultaram em seu famoso romance *Matadouro 5*, que se encontra entre as grandes obras da literatura pacifista. Entre seus inúmeros livros estão *Cama de gato*, *Almoço dos campeões*, *Um pássaro na gaiola* e *Barba-azul*, bem como o que ele denomina de colagem autobiográfica, *Destinos piores que a morte*.

No mesmo dia em que falei com Vonnegut, ele cativou uma multidão que homenageava Howard Zinn, na rua 92 Y, em Nova York. O evento comemorava a venda da milionésima cópia de *A People's History of the United States*. Vonnegut, a exemplo de Alice Walker, de James Earl Jones, de Danny Glover, de Alfre Woodard e de Marisa Tomei, entre outros, leu trechos do clássico de Zinn.

O que você acha de George Bush?

Temos um presidente que não tem absolutamente qualquer conhecimento de história e está cercado por homens que não prestam atenção a ela. Imaginam que são grandes políticos inventando algo novo. Na verdade, é coisa antiga: tirania. Mas se consideram criativos.

Em 1946, Hermann Goering disse em Nuremberg: "Obviamente, o povo não quer guerra... Mas, afinal de contas, são os líderes do país quem determina a política, e sempre é uma questão de arrastar o povo seja em uma democracia, em uma ditadura fascista, em um parlamento, seja em uma ditadura comunista." Funciona do mesmo jeito nos Estados Unidos?

Claro que sim. Bush não saberia do que estou falando, porque ele é insensível à história, mas agora tivemos nosso incêndio do Reichstag. Depois da Primeira Grande Guerra, a Alemanha estava tentando construir uma democracia. Então, quando o Reichstag — o parlamento — foi incendiado, em 1933, considerou-se o fato uma emergência tão grande, que os direitos humanos tiveram que ser suspensos. O ataque ao World Trade Center permitiu que Bush e sua gangue fizessem qualquer coisa. O que podemos fazer agora? Digo que, quando há um sinal de emergência, devemos correr como galinhas, cujas cabeças foram decepadas. Não acho que estamos correndo grande perigo.

Hoje, a guerra é produzida como um evento para a TV, um videogame para o exército de telespectadores apáticos.

É dever do presidente divertir. Clinton saiu-se melhor e, aliás, foi perdoado pelos escândalos. Bush está nos divertindo com o que chamo de Super Bowl Republicano, jogado pelas classes inferiores, usando munição viva.

Você mora a apenas algumas quadras das Nações Unidas. Em 15 de fevereiro, houve um grande protesto em Nova York. Você participou.

Eu estava lá, mas não falei.
O que você acha da eficácia de pessoas que vão aos protestos e manifestam-se?

PALAVRAS EXPLOSIVAS

Sou velho e protestei durante a Guerra do Vietnã. Matamos cinqüenta asiáticos para cada americano patriota. Quando ficou claro que era um fiasco e uma carnificina sem propósito, todo artista de respeito, neste país, finalmente, se posicionou contra aquela guerra. Formamos um tipo de raio laser de protesto. Cada pintor, cada escritor, cada humorista, cada compositor, cada romancista e cada poeta miravam a mesma direção. Depois, a potência dessa arma incrível dissipou-se. Agora é como uma torta de banana de 90cm de diâmetro que cai do topo da escada de 1,20m de altura. O direito do povo de reunir-se pacificamente e de exigir que o governo respeite a sua vontade vale agora um jarro de cuspe quente, porque a TV não trata o assunto com o devido respeito. A televisão é mesmo uma coisa incrível.

O governo se ridiculariza. Tudo o que podemos desejar é que um grande número de americanos perceba como tudo isso é idiota, ganancioso e imoral. Esse público está cada vez menor por causa da TV. Uma coisa boa nesse meio de comunicação de massa é, se alguém morre violentamente, Deus nos livre, diante das câmeras, que esta morte não terá sido em vão, porque se transforma em excelente entretenimento.

Em Matadouro 5, *você escreve sobre o bombardeio de Dresden e, dois ou três meses depois, é a vez de Hiroshima e de Nagasaki.*

O ato mais racista, mais asqueroso deste país, depois da escravidão humana, foi o bombardeio de Nagasaki. Hiroshima não, porque, talvez, tenha tido alguma relevância militar. Mas Nagasaki foi puramente o ato de explodir homens, mulheres e crianças da raça amarela. Ainda bem que não sou cientista, porque me sentiria culpado agora.

Em Nuremberg, o juiz da Suprema Corte, Robert Jackson, principal promotor dos EUA, disse que iniciar uma guerra de agressão é o supremo crime internacional.

    Mente-se o tempo todo quanto ao fato de sermos uma nação assassina. Isso deve ser do conhecimento público. Nosso comportamento é abominável. É como ver um parente ficar completamente maluco. Alguém tem de dizer: "Acho que o tio Charlie pirou." Nosso comportamento agora é grotesco. George Bush e sua gangue consideram-se gênios políticos.
    Você nunca viu grandeza na presidência, eu já: um garoto rico que tinha todos os motivos para ser um babaca — Franklin Roosevelt. Porém, era humano, sábio e habilidoso. Chamaram-no de traidor da classe. Com George Bush, essa acusação jamais colaria.

Bush lançou mão do trunfo do Iraque exatamente quando se prestava atenção exagerada aos escândalos de Wall Street — Global Crossing, Enron, Halliburton. Distraiu o povo dos acontecimentos no setor empresarial.

    Uma coisa que aprendi, com a permissão do comitê escolar de Indianapolis, foi que quando um tirano ou um governo está com problemas, fica imaginando o que fazer. Declarar guerra! Depois, nada mais importa. É como no xadrez; na dúvida, roque.
    As pesquisas demonstram que 50% dos americanos que ouvem notícias na TV acham que Saddam Hussein estava por trás do ataque às Torres Gêmeas. Cara, graças a esse meio de comunicação de massa, eles têm como espalhar meias-verdades rapidamente! Acho que a TV é uma calamidade em uma democracia.

E a importância de ler livros?

É difícil ler e escrever. Esperar que alguém leia um livro é como querer que uma pessoa chegue à sala de concertos, pegue um violino e suba ao palco. É uma aptidão surpreendente as pessoas poderem ler, e ler bem. Pouquíssimas lêem bem. Por exemplo, tenho que ser muito cauteloso com o uso de ironia, dizer algo com o significado oposto. *Matadouro 5* é lido no ensino médio e, às vezes, os professores dizem aos alunos que escrevam ao autor. Alguns escrevem que os eventos não são seqüenciais! É difícil ler um livro no qual a segunda-feira vem depois da quarta-feira.

Seu pai foi arquiteto. Mas você disse que nunca o viu ler um livro. Seu tio Alex, vendedor de seguros, foi quem o incentivou a ler.

Exatamente. E suas recomendações eram de primeira.

Por exemplo?

Os prefácios das peças de Bernard Shaw tiveram enorme influência sobre mim. Danem-se as peças. Lembro que o título de um dos prefácios era "Cristianismo — Por que não experimentá-lo?".

Shaw, que você descreveu como seu herói, também era socialista.

É perfeitamente comum ser socialista. É perfeitamente normal ser a favor do corpo de bombeiros. Houve uma época em que eu podia votar pela justiça econômica, e não posso mais. Dei meu primeiro voto para um candidato socialista — Norman Thomas, um pastor evangélico. Tive de enviar meu voto pelo correio. Eu costumava escolher entre três partidos socialistas — o Partido Trabalhista Socialista, o Partido Socialista dos Trabalhadores e me esqueci de qual era o outro.

Você se orgulha de ser de Indiana, de ser um Hoosier*.

De ser do estado que nos deu Eugene Debs.

Eugene Debs de Terre Haute às margens do Wabash.

O local onde Timothy McVeigh foi executado. Eugene Debs disse — e isso é, meramente, uma paráfrase do Sermão da Montanha, que é o que grande parte da obra socialista é —: "Enquanto houver uma classe inferior, pertenço a ela; enquanto houver um elemento criminoso, sou parte dele; enquanto houver uma alma na prisão", que incluiria Timothy McVeigh, "não sou livre." Qual o problema? Claro, Jesus foi crucificado por dizer a mesma coisa.

Com dois milhões de almas hoje nas prisões nos Estados Unidos, Debs ficaria bem atarefado.

Debs teria cometido suicídio se achasse que não havia algo que pudesse fazer.

---

* Nascido em Indiana, origem desconhecida (N. do E.)

Há outro Hoosier sobre o qual você escreve que é desconhecido, Powers Hapgood, de Indianápolis. Quem era ele?

Powers Hapgood era um garoto rico. Sua família possuía uma famosa fábrica de enlatados em Indianápolis. Powers era radical. Depois de se formar em Harvard, foi trabalhar em uma mina de carvão para saber como era. Tornou-se um líder sindical. Liderou os piquetes contra a execução de Sacco e Vanzetti. Eu o conheci mais tarde, quando passou a ser membro local do CIO* (Congresso de Organizações Industriais). Havia uma certa disputa na linha de piquetes, o suficiente para atrair a atenção dos tiras. Hapgood estava depondo no tribunal sobre o que deveria acontecer aos membros do CIO que provocassem tumulto. O juiz interrompeu o julgamento em determinado ponto e disse: "Hapgood, por que um homem com suas posses, de uma família abastada e respeitada, formado em Harvard, leva uma vida dessas?" Powers Hapgood respondeu: "Ora, meritíssimo, por causa do Sermão da Montanha." Nada mau, hein?

Aliás, sou presidente honorário da American Humanist Association e sucedi o grande escritor de ficção científica e bioquímico, Dr. Isaac Asimov. John Updike, que é religioso, diz que falo mais sobre Deus do que qualquer seminarista. Na verdade, o socialismo é uma forma de cristianismo, as pessoas querem imitar Cristo.

O cristianismo permeia seu espírito.

Ora, é claro. É um bom texto. Não me importo se é Deus ou não, mas o Sermão da Montanha é uma obra-prima, bem como o Pai-Nosso: "Perdoai as nossas ofensas, assim como nós per-

---
* Um dos maiores sindicatos de trabalhadores. (N. do E.)

doamos a quem nos tenha ofendido." As duas idéias mais radicais, inseridas no meio do pensamento humano convencional, são $E = mc^2$ (matéria e energia são o mesmo tipo de essência) e "Perdoai as nossas ofensas, assim como nós perdoamos a quem nos tenha ofendido". Em 1844, quando o ópio e seus derivados eram os únicos analgésicos, Karl Marx disse: "A religião é o ópio do povo" e ajudava um pouco. Se bem que ele poderia muito bem ter dito: "A religião é a aspirina do povo." Na época em que ele proferiu essa frase horrível, tínhamos a escravidão como negócio perfeitamente legal. Agora, aos olhos de um Deus misericordioso, quem era mais odioso naquela época? Karl Marx ou os Estados Unidos da América?

Você disse que não teria perdido a Grande Depressão nem a Segunda Grande Guerra por nada deste mundo. Por quê?

Bem, eu realmente testemunhei tudo aquilo. Não precisei ler a respeito. Eu estava lá, por isso não teria perdido aqueles acontecimentos por nada deste mundo. Fui cabo da infantaria. Não li sobre o assunto; eu estava lá. É uma questão de orgulho. Fui repórter policial para o Chicago City News Bureau, que foi a organização que inspirou a peça *The Front Page*. Cobri Chicago como repórter de rua, pode acreditar. E fui professor e tudo o mais. Fico contente pela oportunidade de ter visto tanto.

Quando você dá palestras em universidades, fala com jovens na faixa dos vinte. Que tipo de resposta você tem?

Muito calorosa, muito entusiasmada. Você acha que crack, cocaína é o máximo? Experimente ficar no meu lugar diante do público universitário. É maravilhoso.

Ahmed Rashid
Dezembro 2002

Ahmed Rashid é jornalista em Lahore, Paquistão. Há mais de vinte anos cobre o Afeganistão, o Paquistão e a Ásia central para a *Far Eastern Economic Review* e o *Daily Telegraph*. É autor de *Taliban* (Yale University Press, 2000), que vendeu um milhão de cópias e foi traduzido para mais de vinte idiomas. Seu livro mais recente é *Jihad*.

Jornalista reconhecido como uma das maiores autoridades sobre o Talibã, é muito solicitado desde o 11 de setembro. Apareceu em muitos noticiários do rádio e da TV, proferiu palestras em universidades ao redor do mundo e até prestou consultoria ao Departamento de Estado.

Porém, o próprio Rashid vivenciou a atmosfera assustadora nos Estados Unidos em dezembro de 2001. Ao chegar ao aeroporto Dulles, para dar algumas palestras em Washington, foi detido pela segurança. "Fizeram-me algumas perguntas e passaram cerca de duas horas investigando em seus computadores", ele recorda. "Finalmente me liberaram sem nada dizer. Não guardei rancor, mas achei engraçado, depois de ter escrito esse livro sobre o Talibã e de ter sido convidado para proferir palestras em instituições americanas de prestígio."

Cidadão paquistanês, Rashid não desistiu de seu país. "Há muitos indivíduos lutando coerentemente pela democracia, pelos direitos humanos, e liberdade de imprensa", ele diz. "Há uma sociedade civil forte e cada vez maior."

Rashid está ajudando a construir uma sociedade civil no Afeganistão também. Doou um quarto dos lucros do livro sobre o Talibã para fundar o Open Media Fund for Afghanistan. O fundo, ele diz, "agora dá pequenas contribuições a revistas e a jornais que foram completamente banidos pelo Talibã no Afeganistão. Há uma revista feminina e outra infantil. E há um jornal em Herat que trata da reconstrução. A idéia é ajudar a recriar a imprensa no Afeganistão".

༺❀༻

A opinião padrão da mídia nos EUA sobre a guerra no Afeganistão é que ela foi um sucesso. O Talibã caiu. A Al Qaeda dispersou-se. Houve poucas baixas americanas. Hamid Karzai assumiu o poder em Kabul. Talvez cerca de dois mil civis tenham morrido; ah, que pena. O Pentágono não consegue achar Osama bin Laden nem o mulá Omar, mas, no frigir dos ovos, a América caminha para a vitória na guerra contra o terrorismo. O que você acha dessa história?

Até certo ponto, verdadeira — até janeiro ou fevereiro, quando o Talibã e a Al Qaeda foram derrotados. Mas o problema real, desde então, é a falta de estratégia por parte dos Estados Unidos quanto ao modo de combater o terrorismo no solo, agora que ele assumiu outra forma e feitio. O fato de não haver mais grandes unidades da Al Qaeda por aí significa que não precisamos de B-52s. Precisamos de forças especiais e de inteligência. E, sobretudo, precisamos ressuscitar o Afeganistão, literalmente, do cemitério dos países e transformá-lo em um país normal, que é o que os afegãos desejam. A estratégia para a paz é ajuda econômica, reconstrução e forças internacionais de segurança. Nessas linhas, os EUA são lentíssimos. E até mesmo impediram a expansão de forças de segurança de Kabul para outras cidades. Há uma sensação de desespero no Afeganistão por causa da falta de recursos e do fato de que os EUA têm apenas uma estratégia militar com um único propósito. Não existe plano político nem econômico.

Qual é sua opinião sobre o afegão Zalmay Khalilzad, o enviado especial de Bush ao Afeganistão?

Khalilzad é chamado de Governador-Geral do Afeganistão, porque parece ser o responsável por muitas das grandes decisões em consultoria com Hamid Karzai. Ele pode criar ou solucionar problemas e reflete as opiniões do Conselho de Segurança Nacional e do Departamento de Defesa.

Há uma certa relação de amor e ódio entre ele e os afegãos. Ele trabalhou muito para manter o Afeganistão no topo da pauta do governo Bush e para fazer que notassem aquele país, e acho isso importantíssimo. Mas ele irritou muitos grupos afegãos com o que aconteceu durante o *loya jirga*, em junho, quando teve um papel inegável ao tentar impedir o antigo rei, Zahir Shah, de assumir qualquer posição. Portanto, é uma mistura. De modo geral, neste momento, Khalilzad é um indivíduo poderosíssimo.

Ele também trabalhou para a Rand Corporation e, depois, foi consultor da Unocal, que queria construir um oleoduto do Turcomenistão, na Ásia central, passando pelo Afeganistão e saindo no Paquistão.

Os líderes dos três países — Turcomenistão, Afeganistão e Paquistão — querem isso, cada qual com seus motivos. No momento, é impraticável. O oleoduto atravessaria do Turcomenistão ao Afeganistão e acabaria em mercados no Paquistão e na Índia. É dificílimo imaginar que qualquer companhia de petróleo queira investir dois ou três bilhões de dólares no Afeganistão nos próximos anos. Não existe essa confiança agora. Há um enorme problema de segurança. Em segundo lugar, o mercado para esse petróleo e gás é o subcontinente, mas o Paquistão e a Índia estão quase em guerra entre si. Esse mercado é muito frágil. Será preciso muito mais do que meras intenções para colocar em prática a construção desse oleoduto.

O general Tommy Franks, chefe das forças americanas no Afeganistão, diz que as tropas americanas ficarão naquele país "durante anos". Quais são as implicações dessa declaração?

Gravíssimas. Há muita suspeita por parte dos vizinhos do Afeganistão em relação às intenções dos EUA. De certa forma, o Irã já está tentando debilitar os EUA no Afeganistão. A Rússia fica cada vez mais ansiosa quanto à presença americana mais permanente na Ásia central. E a China não está satisfeita com o fato de os EUA estarem tão perto de suas fronteiras durante tanto tempo. Sem dúvida, se os EUA vão ficar ali por muito tempo, sua presença exacerbará as tensões regionais.

Ao contrário de uma presença econômica, a idéia de uma presença militar americana permanente criará nova onda de hostilidade em relação aos Estados Unidos. No sul, entre os patanes (*pashtuns*), esse sentimento já é forte. E não equiparo isso ao fato de os patanes tornarem-se a favor do Talibã ou da Al Qaeda. O nacionalismo patane reafirma-se. Sua história política tem centenas de anos. Os patanes estão furiosos com os americanos porque, primeiro, ainda estão sendo bombardeados e, segundo, entendem que os americanos estão apoiando a facção tadjique, que controla o exército e as forças de segurança em Kabul.

O problema agora, o qual mencionei claramente às autoridades americanas em Washington, é que os EUA não têm presença econômica no Afeganistão. Os afegãos não podem apontar e dizer: "Oh, os americanos construíram aquela estrada, aquela unidade de telecomunicações, aquela usina hidrelétrica", porque nada construíram até agora.

Recentemente, Karzai sobreviveu a uma tentativa de assassinato. Até que ponto ele está seguro?

Devido à raiva generalizada, a conjuntura em relação ao governo de Karzai e aos americanos é extremamente frágil entre os patanes, que se sentem discriminados pelos americanos, porque apoiaram o Talibã, e a guerra ainda prossegue em sua região, com bombardeio americano contínuo. Além disso, estão insatisfeitos com o poder sobrepujante dos rivais étnicos, os tadjiques, que dominam as forças de segurança em Kabul e controlam as engrenagens estratégicas de poder político. Embora Karzai seja patane, muitos deles o consideram refém dos tadjiques e dos americanos.

Devemos lembrar que os patanes são o maior grupo étnico no Afeganistão. Obviamente, muitos deles apoiaram o Talibã, mas não se pode igualá-los. Tem de haver uma melhor representação étnica em todas as áreas do governo. Esse é o maior problema que Karzai enfrenta.

Há também a questão das ameaças contínuas feitas pelos líderes militares. O fato é que estão desafiando Kabul; não aceitam sua autoridade, tentam manter seus domínios; têm fundos próprios e mantêm seus exércitos.

Os EUA criaram uma situação precária ao fracassar, até agora, em permitir a expansão da ISAF (Força de Assistência de Segurança Internacional) para outras cidades, em assumir a liderança para ajudar a reconstruir o país e em conclamar outras nações ocidentais a proporcionar fundos de alta rotatividade. Há um impasse. Os líderes militares estão mais fortes do que há alguns meses. Os tadjiques estão mais no controle, mais decisivos e mais dispostos a fazer concessões; na verdade, a autoridade do governo central está atrofiada e não se estendeu além de Kabul.

A situação só pode mudar se os EUA estiverem dispostos a desempenhar um papel de liderança entre os doadores ocidentais, sobretudo com a expansão da ISAF, quaisquer que sejam os meios, e com a obtenção rápida de recursos e de projetos para a reconstrução do país e, em particular, na área de predominância dos patanes.

Por falar nesses líderes militares pré-Talibã, são pessoas como Abdul Rashid Dostum, o líder uzbeque no norte, Ismail Khan, em Herat, e Gul Agha Shirzai, em Kandahar.

A estratégia de Karzai, questionável, é tentar atrair os líderes militares em Kabul e persuadi-los a deixarem seus domínios. Ele lhes deu muitos cargos elevados, mas muitos os recusaram. Ismail Khan, por exemplo, foi convidado a ocupar a Vice-Presidência, mas prefere permanecer em seu território em

Herat. Dostum foi nomeado representante especial do governo no norte e lá permanece.

O problema real, para Karzai, é ampliar a autoridade do governo central. É uma questão política; porém, mais do que isso, econômica. Karzai não terá qualquer força a menos que possa dizer: "Eu tenho dinheiro e posso construir uma estrada em sua região. Ou vocês se comportam, apóiam o governo central e cooperam comigo, ou não construirei a estrada aqui, mas em outro lugar." O fato é que ele não tem dinheiro. Enquanto essa situação continuar, os líderes militares saberão que Karzai é fraquíssimo.

Deixe-me perguntar-lhe um pouco mais sobre Dostum. É um dos líderes militares mais poderosos e Vice-Ministro da Defesa. Recentemente, a revista Newsweek *revelou novas informações sobre o fato de ele e de suas forças estarem envolvidos em crimes de guerra, no assassinato de centenas de prisioneiros capturados na região de Mazar-e-Sharif. Você tem alguma informação sobre isso?*

Não é uma história nova. Imediatamente após a queda de Mazar-e-Sharif e de Kunduz diante da Aliança do Norte, documentou-se muito bem que grandes números de prisioneiros talibãs morreram sufocados enquanto eram transportados de Kunduz e de Mazar a Sheberghan em contêineres vedados. A Anistia Internacional, a Human Rights Watch, sediada nos EUA, documentou tudo isso. Como a guerra estava em andamento e derrotar o Talibã era a principal prioridade, ignorou-se esse fato. A *Newsweek* apresentou novas evidências consideráveis, e a Physicians for Human Rights descobriu valas comuns. Obviamente, é preciso fazer alguma coisa. O governo afegão, na verdade, condenou o assassinato em massa e disse que ajudaria qualquer tipo de investigação. Mas é uma questão dificílima. Todos os principais acusados fazem parte do governo.

Qual é a situação das mulheres no Afeganistão hoje? Você viu algum progresso?

Houve um enorme progresso. Cerca de três milhões de crianças retornaram à escola. No programa, cerca de 50.000 mulheres voltaram a trabalhar como professoras. Foi uma grande conquista. O segredo para quebrar o tabu do Talibã contra as mulheres é fazer que elas voltem a fazer parte da força de trabalho e, além disso, combater a lavagem cerebral cultural que o Talibã impôs a muitos afegãos. E isso está acontecendo em um ritmo notável. Contudo, há muito mais progresso em Kabul do que em outras cidades, que não receberam apoio para a reconstrução.

Há várias mulheres no governo, embora não no alto escalão. Foi uma das críticas que surgiu do *loya jirga*.

Antes de o Talibã tomar o poder em 1996, o Afeganistão era um importante fornecedor mundial de heroína. Durante o governo do Talibã, reduziu-se significativamente o cultivo da papoula. Tanto que, em maio de 2001, o secretário de Estado, Colin Powell, enviou 43 milhões de dólares ao Talibã como agradecimento pelo excelente trabalho que estavam fazendo na guerra contra as drogas. Qual é a situação hoje?

O Ocidente tem uma compreensão distorcida a respeito do modo de lidar com as drogas. A estação de colheita das plantações da papoula era pouco depois da formação do governo em Kabul. Os americanos e os ingleses levantaram 50 milhões de dólares e os atiraram aos agricultores para tentar fazer que destruíssem as lavouras. Esse programa não teve êxito. Houve corrupção.

Os agricultores afegãos não têm acesso a outras sementes, a outras culturas, à irrigação, a ferramentas e a todos os demais incentivos necessários para se libertar de uma economia de mercado paralelo. De novo, isso faz parte do esforço de reconstrução. Se tivesse havido uma entrada mais rápida de dinheiro e de incentivos para os fazendeiros nessa área fundamental em que se cultivam papoulas em grande escala, talvez não tivessem exterminado a colheita daquele ano, mas a do ano anterior. Mas agora é hora de se preparar para o plantio da lavoura do ano que vem, e ainda há pouquíssima atividade no setor agrícola. Portanto, isso poderia ter sido abordado como emergência se tivesse havido um investimento sério na agricultura. Mesmo se isso não pudesse ter sido feito em todo o país, poderia ter sido feito nas principais áreas de cultivo da papoula.

Antes de 7 de outubro de 2001 e do início do bombardeio americano, lembro-me de ter visto cartazes em urdu: "Afghanistan: Amreekon ka Qabirstan" — "Afeganistão: cemitério para americanos." Lembro-me de que você previu que haveria resistência ferrenha à carnificina dos EUA. Isso não aconteceu. Por quê?

O que todos subestimaram foi a intensa falta de popularidade do Talibã, mesmo nas áreas dos patanes. Pessoas como eu diziam que o Talibã seria expulso rapidamente do norte do país, mas, considerando-se que sua principal base de apoio estava na região patane, haveria maior resistência ali. Isso não aconteceu. Ele tornou-se profundamente impopular e foi descartado pela população patane quase tão rapidamente quanto no norte. Não vejo seu retorno de maneira alguma.

O que está acontecendo nas regiões tribais da fronteira do Paquistão com o Afeganistão? Há inúmeros relatos de que muitos combatentes do Talibã e da Al Qaeda refugiaram-se ali.

Não há dúvida de que a Al Qaeda refugiou-se não só nas áreas tribais, mas também no Paquistão. Devemos lembrar que ela desenvolveu vínculos estreitos com o Paquistão nos últimos dez anos, sobretudo nos seis anos em que o Talibã controlou Kabul. Alguns paquistaneses lutaram pelo Talibã. Grupos paquistaneses extremistas proporcionaram infra-estrutura à Al Qaeda. Durante muitos anos, houve idas e vindas de líderes e de militantes desse grupo entre o Afeganistão e o Paquistão. Na verdade, tudo o que aconteceu é que a Al Qaeda escapou do Afeganistão, veio para o Paquistão, aliou-se a seus contatos e a seus amigos nesses grupos extremistas, que, então, lhe deram casas seguras e carros não apenas nas áreas de fronteira, mas também nas cidades. Eliminar as raízes dessa facção no Paquistão agora é a principal batalha a ser empreendida. E é uma batalha dificílima.

Musharraf diz e faz uma coisa enquanto seus Serviços Internos de Inteligência dizem e fazem outra completamente distinta?

Não creio que seja um problema de divisão dentro da área militar paquistanesa. Acho que o verdadeiro problema é que há uma certa falta de sinceridade por parte do próprio Musharraf. Por exemplo, ele está reprimindo a Al Qaeda. O Paquistão entregou aos americanos mais de 300 dos 900 indivíduos presos na base naval de Guantanamo. Ele está prendendo a Al Qaeda e alguns dos grupos sectários e extremistas responsáveis pelos terríveis assassinatos de ocidentais e cristãos paquistaneses nos últimos meses.

Ao mesmo tempo, ele não cumpre as promessas que fez aos paquistaneses e ao Ocidente sobre conter os maiores partidos islâmicos, que são igualmente relevantes. O motivo é que esses partidos estão envolvidos na luta na Caxemira, e o exército precisa do apoio deles para a guerra nessa região e para confrontar a Índia. É uma confusão. Musharraf está na corda bamba.

O governo Bush está com o olhar voltado para o Iraque. O mantra é "mudar o regime". Na opinião dos americanos, o show no Afeganistão praticamente acabou. Haverá algumas operações conclusivas, mas, agora, estão de partida para outros campos de batalha.

Isso seria extremamente prejudicial para o povo afegão, porque o Afeganistão, nesse caso, desaparecerá da tela de radar e não será notado. Será ainda menos provável que o Afeganistão consiga algum tipo de recurso e auxílio para reviver a sociedade. Mas a outra grande questão estratégica é que a guerra contra o terrorismo ficará em segundo plano. Não há como os americanos conseguirem realizar uma guerra de grande escala contra o Iraque e, ao mesmo tempo, manter a mesma pressão sobre a rede Al Qaeda em países tão distintos quanto a Indonésia, as Filipinas e o Paquistão, assim como na Europa. Com a vitória no Afeganistão, o governo Bush acha que pode lutar muitas guerras, em muitos lugares, e vencer sempre.

Danny Glover
Dezembro 2002

Danny Glover é presidente do Conselho de Administração da TransAfrica Forum, fundada por Randall Robinson, que trata de questões relacionadas à África e ao Caribe. Ele viaja muito, promovendo indenizações e perdão de dívidas para nações africanas. Em resposta à crise da AIDS na África, estendeu seu mandato como embaixador da boa vontade ao Programa de Desenvolvimento das Nações Unidas. É membro ativo do Conselho de Administração do Algebra Project, um programa de educação matemática desenvolvido por Bob Moses, veterano ativista dos direitos civis.

Glover freqüentou a San Francisco State University e estudou na Oficina de Atores Negros do American Conservatory Theater. Apareceu em inúmeras produções teatrais, mas foi sua atuação em Nova York, em *Master Harold and the Boys*, do dramaturgo sul-africano Athol Fugard, que primeiro deu a ele o reconhecimento nacional.

"Fugard", Glover disse a um entrevistador, "é a única razão de eu ser ator." Além dos truques sensacionais da série *Máquina Mortífera*, fez atuações significativas em filmes como *Um lugar no coração*, *A cor púrpura* e *Bem amada*. E seu papel de semteto, no filme independente *Alguém para dividir os sonhos*, foi memorável.

Glover é um híbrido de política progressista e sensibilidade artística em uma indústria que comercializa tudo e reduz o compromisso social a piadas na TV no final da noite. Ele sabe o objetivo dos filmes da série *Máquina Mortífera*: muito dinheiro. Mas, com esse dinheiro, faz coisas significativas.

Telefonei a Glover no final de agosto em Toronto, onde ele trabalhava em um filme. Sua maravilhosa voz rouca e vitalidade contagiante me fizeram querer falar por mais tempo com ele, mas o *set* de filmagem o chamava.

Em um evento na cidade de Nova York, no final do ano passado, denominado "Imagining Peace", você leu parte do histórico discurso proferido por Martin Luther King em Riverside Church, em 1967, "Além do Vietnã". Você citou este trecho: "Mesmo quando pressionados pelas demandas da verdade interior, os homens não assumem facilmente a tarefa de opor-se à política de seu governo, sobretudo em tempos de guerra." Por que escolheu esse discurso de King?

Falei apenas três meses depois do 11 de setembro. Estávamos em meio a uma guerra não declarada de duração indefinida, que a maioria, ainda hoje, tem dificuldade em entender. Eu queria mostrar os vínculos dela com eventos passados. Hoje, enquanto os tambores de guerra novamente soam cada vez mais alto, as vozes daqueles que se opõem à guerra são suplantadas pelas vozes daqueles que apóiam a solução mais rápida.

Como King observou, falar é sempre perigoso. Seu discurso marcou sua transformação de líder de direitos civis em líder de direitos humanos. Tornou-o vulnerável, talvez ainda mais vulnerável do que durante os dias mais difíceis do movimento pelos direitos civis. E seu assassinato ocorreu um ano depois daquele discurso. Nele, King falou sobre a criação de um novo modo para afro-americanos e para pessoas de cor olharem o Vietnã, para verem como aquela guerra enfraqueceu os programas sociais que deveriam ajudar os pobres. Entretanto, a guerra, além de drenar recursos valiosos, tirou a vida de milhares de americanos já feridos pela pobreza.

O discurso de King reverbera hoje e deveria ser tão evidente para nós como foi para ele o fato de que, além da retórica da guerra e do terrorismo, há uma outra realidade. Olhe o mundo que nos cerca e veja o que está acontecendo. A riqueza aumentou. A disparidade entre nações pobres e ricas está maior. Dois bilhões de pessoas no mundo vivem com menos de um dólar por dia. A diferença dentro dos países também cresceu. Há pessoas que passam fome aqui, nos Estados Unidos.

Sua oposição à pena de morte e à guerra contra o terrorismo envolveram-no em uma certa polêmica. Houve um pedido para boicotarem seu filme Os excêntricos Tenenbaums. *O que aconteceu?*

Proferi uma palestra sobre a pena de morte em Princeton a convite da Anistia Internacional local. Lembrei ao público que os Estados Unidos são um dos pouquíssimos países que ainda impõem a pena de morte, ainda que se considerem civilizados. A União Européia não permite a pena de morte e defende sua abolição em todo o mundo. Perguntaram-me se minhas opiniões sobre a pena de morte aplicavam-se a Osama bin Laden. Respondi que sim. E acrescentei que me opunha aos tribunais militares e às detenções que ainda estão acontecendo. Depois disso, fui tachado de impatriota por elementos da direita.

Earl Hilliard, um deputado afro-americano do Alabama, foi derrotado em junho. Em agosto, Cynthia McKinney, deputada progressista da Geórgia, em seu quinto mandato, também foi derrotada. Ambos criticavam as políticas israelenses em relação aos palestinos. No caso de McKinney, seu oponente a venceu por dois a um. Qual é sua opinião?

A deputada McKinney representava uma voz importantíssima não apenas no Black Caucus, mas no Progressive Caucus.* Estamos em um momento perigoso no que diz respeito à nossa capacidade de expressar opiniões sobre determinadas matérias. E temos de encontrar maneiras por meio das quais possamos contrabalançar o papel do dinheiro no processo eleitoral.

Em meados de agosto, houve um evento em Washington, D.C. em prol de indenizações para descendentes de escravos afro-americanos. Qual é sua posição?

É importante continuarmos a bater na tecla das indenizações. Mas, se a idéia é dar a alguém 40 hectares de chão e uma mula para nos livrarmos dele, isso degrada o sentido dessas indenizações. Elas devem dizer respeito a algo muito maior: uma maneira de melhorar a vida das pessoas e dar-lhes recursos para construírem instituições comunitárias. Participei da Conferência Mundial sobre Racismo em Johannesburgo. Lá, veio à tona a questão das indenizações não apenas para os afro-americanos, mas para os senegaleses, afro-brasileiros, afro-colombianos e angolanos. Angola viveu uma guerra civil

---

* Black Caucus – Bancada Negra; Progressive Caucus – Bancada Progressista. (N. do E.)

durante quase três décadas. O governo dos EUA apoiou o infame Jonas Savimbi e sua facção.

Como presidente do Conselho de Administração da TransAfrica, sou a favor de um plano Marshall para o continente: um esforço abrangente para desenvolver a infra-estrutura na África e controlar seus recursos. Portanto, é isso que quero dizer quando falo de indenizações.

Você proferiu uma palestra no Paine College em Augusta, Georgia, na primavera passada. Ainda que tenha nascido em São Francisco, você falou que se sentiu realmente "em casa". O que quis dizer com isso?

O Paine College é a faculdade que minha mãe freqüentou. Este ano faz sessenta anos que minha mãe, Carrie M. Glover, formou-se naquela faculdade. Foi a primeira da família a obter o diploma de curso superior. Meus avós tinham uma fazenda no condado de Jefferson, a cerca de 60 quilômetros de Augusta. Minha mãe nasceu e cresceu naquele condado. Na infância, passei muito tempo na Geórgia, e visitávamos a fazenda. É uma tradição que ainda se mantém forte na comunidade afro-americana. Podemos conversar com muitas pessoas, e elas nos contarão sobre a visita aos avós em uma fazenda; isso, depois da Grande Migração.

No Paine College, você recitou de cor o grande poema de Langston Hughes "The Negro Speaks of Rivers" com aquele refrão "Minha alma aprofundou-se como os rios". Qual é sua ligação com Hughes?

Há 15 anos viajo pelo país e costumo recitar Langston ou ler trechos de sua obra em *campi* e em eventos comunitários. É uma figura incrível de se entender, e sua obra reflete seu profundo amor pelas pessoas de descendência africana.

Ele vem de uma família interessantíssima. O primeiro marido de sua avó materna fazia parte do grupo de John Brown, que invadiu Harper's Ferry em 1859. Foi morto lá. Na verdade, um dos pertences mais valiosos de Langston era o manto com perfurações de balas, que ele usava. Membros da família ocuparam cargos elevados durante a Reconstrução.* Ele era parcialmente nativo-americano; portanto, tinha fortes raízes indígenas. Escreveu em um momento estratégico da modernidade dos afro-americanos.

Ingressou na Columbia University em 1921 e logo se tornou voz proeminente nessa enorme meca negra chamada Harlem Renaissance. Depois veio a Depressão, que causou um incrível impacto sobre as pessoas e sobre a forma de se verem em relação ao governo. Langston escreveu a esse respeito. Sua política refletia isso. Se você analisar um dos meus poemas prediletos, "Let America Be America Again" [Que a América seja a América de novo], ele fala sobre todas essas questões.

Também foi um período muito difícil para ele. Em seu poema "Drum" [Tambor], expressa suas opiniões sobre a vida e o existencialismo. Apoiou a República espanhola contra o fascismo de Franco. Depois, passou pela guerra e pela brutal era de McCarthy, quando foi visado, a exemplo de muitos artistas. E então atirou-se em movimentos de liberação africana na África. Escreveu um poema formidável sobre Patrice Lumumba chamado "Lumumba's Grave" [O túmulo de Lumumba].

---

* Após a Guerra de Secessão. (N. do E.)

Pode-se ver essa continuidade como artista e como voz contra a opressão. Um exemplo disso é seu poema "Bitter River" [Rio amargo] escrito em 1942, depois do linchamento de dois garotos de 14 anos no Mississippi. Esse acontecimento se deu no início da guerra contra o fascismo, e ali estavam dois garotos dependurados em árvores no Mississippi. Quanta contradição e ironia!

Houve um grande rebuliço na Academia este ano com Denzel Washington e Halle Berry, ambos ganhadores do Oscar. Como os afro-americanos estão se saindo em Hollywood não apenas na tela, mas nos cargos executivos?

Temos de mudar a maneira de ver o que está acontecendo. Trata-se de um negócio de resultados, voltado para a faixa etária de nove a 14 anos. E aqui estamos nós, adultos, correndo de um lado para outro, dizendo que isto ou aquilo é importante.
Se somos importantes, é um estado tangencial à situação verdadeira. Então, por que falamos sobre isso? Qual a importância de afro-americanos ganharem o Oscar este ano? Não sei. Pode-se falar sobre determinado assunto por tempo suficiente para que se diga: "Oh, isso tem um significado." Mas, na verdade, qual é o significado? E responder ao fato, o que é? Será que o mundo mudou por que Denzel e Halle receberam o Oscar? Estamos gastando o necessário com a AIDS? Há menos sem-teto?

Você consegue o tipo de papel que procura?

Acho que isso nunca acontece. Procuro histórias. Será que vejo as histórias que desejo ver? Não necessariamente.

Eu as vejo em filmes estrangeiros. Vi um filme inuíte* maravilhoso chamado *The Fast Runner* e um excelente filme indiano, *Monsoon Wedding*. Veja, tento encontrar trabalho que tenha significado para mim. O que é um papel? Ele se parece com um juiz? É um bom papel? Sentado no tribunal onde não tem muita importância na trama? Não sei, cara.

Você disse ao Washington Post *que carreiras vão e vêm e que a sua poderia estar em declínio, mas que não ficaria sentado ou jogando golfe.*

Não jogo golfe. Não vou ficar sentado. Tudo que sei é que posso seguir e professar minha verdade. É a única coisa sobre a qual tenho controle. Minha verdade não é oriunda do número de reuniões que tenho com executivos de Hollywood. Ela vem de eu tentar estar no mundo, de falar sobre problemas e de tentar entender — e sublinhe a palavra "entender" — o que está acontecendo ao meu e ao nosso redor. E, talvez, se de alguma forma tiver a oportunidade de colocar ou realizar isso na tela, ótimo. Mas há coisas positivas acontecendo com grupos como o Boggs Center, em Detroit, que trabalha com justiça ambiental e construção comunitária, ou com o Barrios Unidos, em Santa Cruz, que visa impedir a violência de gangues. Há uma organização chamada Street Soldiers, em Oakland, que concede um Prêmio pela Paz Urbana a membros de gangues que preservam a paz nos bairros.

É nisso que presto atenção. São essas coisas que apoio, quando posso. Não faço o trabalho, mas apóio quem o faz.

---

* povo esquimó habitante da faixa ártica entre o Alasca e a Groenlândia.

John Pilger
Novembro 2002

O jornalismo empresarial prega, nos Estados Unidos, "objetividade" e ridiculariza aqueles que ficam do lado dos pobres e dos marginalizados. Mas a mídia convencional faz, na Grã-Bretanha, algumas concessões. John Pilger, jornalista e cineasta australiano, que trabalha em Londres, é uma delas.

"Cresci em Sydney, em uma família muito política", contou-me Pilger, "na qual todos eram a favor dos oprimidos." O pai foi um *Wobbly*, membro dos Operários Industriais do Mundo. A exemplo de Orwell, a quem admira, Pilger tem um estilo direto. Por exemplo, usa o termo "imperialismo" e não hesita em ligá-lo ao adjetivo "americano".

Em 28 de setembro, discursou na manifestação popular pela paz em Londres. Disse à multidão, estimada entre 150.000 e 350.000: "Hoje quebrou-se um tabu. Nós somos os moderados. Bush e Blair, os extremistas. O perigo para todos nós não está em Bagdá, mas em Washington." E aplaudiu os manifestantes. "Democracia", disse ele, "não é um homem obcecado pelo poder, usando a força dos reis para atacar outro país em nosso nome. Democracia não é ficar ao lado de Ariel Sharon, um criminoso de guerra, para esmagar os palestinos. Democracia é este grande evento, hoje, que representa a maioria do povo da Grã-Bretanha."

Pilger, por suas reportagens, ganhou duas vezes o mais alto prêmio do jornalismo britânico. Seu livro mais recente é *Os novos senhores do mundo* (Record, 2004). Entre seus filmes políticos estão *Paying the Price: Killing the Children of Iraq, Death of a Nation: East Timor, The New Rulers of the World* e *Palestine is Still the Issue.** Esses documentários são exibidos em toda a Grã-Bretanha, no Canadá, na Austrália e em grande parte do resto do mundo, mas, raramente, nos Estados Unidos. A PBS — Public Broadcasting Service — que, aparentemente, tem espaço ilimitado para transmitir especiais sobre animais, não consegue encaixar o trabalho de Pilger.

"A censura na televisão dos Estados Unidos é tamanha, que filmes como os meus não têm a menor chance" e exemplificou essa opinião com a seguinte história: alguns anos atrás, a PBS demonstrou interesse em um de seus trabalhos sobre o Camboja, mas estava preocupada com o conteúdo. A rede escalou um "árbitro jornalístico", parecido com o Ministro da Verdade de Orwell, para decidir se a transmissão do filme valia a pena. Ele julgou. O filme não foi ao ar. Além disso, a PBS rejeitou outro trabalho de Pilger sobre o Camboja. Mas a WNET, em Nova York, o transmitiu — sendo a única estação no país a fazê-lo. Com base nessa única apresentação, Pilger recebeu um Emmy.

Por telefone, falei com ele em sua casa, em Londres, um dia antes de ele discursar na gigantesca manifestação pela paz.

༶

A guerra contra o terrorismo é uma nova versão do fardo do homem branco?

---

* Pagando o preço: matando as crianças no Iraque; Morte de uma nação: Timor Leste; Os novos donos do mundo e A palestina ainda é a questão (N. do E.)

Os imperialistas europeus clássicos do século XIX acreditavam literalmente que cumpriam uma missão. Não creio que os imperialistas de hoje tenham aquela mesma noção de serviço público. Não passam de piratas. Claro, há fundamentalistas, fundamentalistas cristãos, que parecem participar do controle da Casa Branca, mas diferem muito dos cavalheiros cristãos que governaram o Império Britânico e acreditaram ter feito o bem em todo o mundo. Hoje, isso é apenas uma questão de poder.

Por que você diz isso?

O ataque ao Iraque foi planejado há muito tempo, mas não havia uma desculpa para colocá-lo em prática. Desde 1991, quando George H.W. Bush não conseguiu derrubar Saddam, os extremistas de direita, nos Estados Unidos, sonham em terminar o trabalho, e a guerra contra o terrorismo deu-lhes a oportunidade de fazê-lo. Ainda que a lógica seja fraudulenta e complexa, parece que terminarão o serviço.

Por que Tony Blair é um defensor tão entusiasmado da política dos Estados Unidos?

Temos um governo de extrema direita neste país, embora seja denominado governo trabalhista. Isso confundiu muita gente, mas essa confusão vem diminuindo. O Partido Trabalhista Britânico sempre teve um fortíssimo componente atlanticista, com uma subserviência às políticas americanas, e Blair representa essa facção. Ele está, obviamente, obcecado pelo Iraque. Só pode estar, porque a maioria esmagadora da população britânica opõe-se à ação militar. Nunca vi uma situação dessas. Para lhe dar um exemplo, o *Daily Mirror* fez uma pesquisa de opinião entre seus leitores, e 90% opunham-se a um ataque ao Iraque. De modo geral, as pesquisas de opinião, neste país, mostram que cerca de 70% são contra a guerra. Blair está em desacordo com o país.

Em seu novo livro, você fala sobre o grupo de Bush que, de modo geral, faz a política bélica, gente como o vice-presidente Dick Cheney, o secretário de Defesa Donald Rumsfeld e o vice, Paul Wolfowitz. Você destaca Richard Perle, assistente do secretário de Defesa de Reagan no Pentágono e seu comentário: "Esta guerra é total."

Na década de 1980, entrevistei Perle quando ele fazia parte do Governo Reagan, e seu fanatismo surpreendeu-me. Na época, ele expressou opiniões sobre guerra total. Todo o extremismo de Bush origina-se da era Reagan. É por isso que pessoas como Perle, Wolfowitz e outros refugiados daquele período ganharam terreno novamente. Escolhi Perle no livro porque achei que ele descreveu, com bastante eloqüência, as políticas do Governo Bush. O 11 de setembro deu a essas pessoas uma oportunidade caída dos céus. Na verdade, jamais acreditaram que teriam legitimidade para fazer o que estão fazendo. Obviamente, não têm, porque a maior parte do mundo é contra seus atos. Mas acreditam que o 11 de setembro, se não lhes deu legitimidade, deu-lhes, ao menos, um eleitorado nos Estados Unidos.

Além disso, fazem parte de um governo que chegou ao poder em circunstâncias sombrias.

Não as vejo como um grupo eleito. É óbvio que Gore ganhou a maioria dos votos. Acho que a descrição exata para elas é plutocracia militar. Depois de viver e de trabalhar nos Estados Unidos, devo acrescentar que não quero fazer uma grande distinção entre o regime de Bush e o de seus predecessores. Não vejo muita diferença. Clinton não parou de patrocinar a Guerra nas Estrelas. Levou ao Congresso o maior orçamento militar da história. Bombardeou rotineiramente o Iraque e manteve as sanções bárbaras. Sem dúvida, ele desempenhou seu papel. A gangue do Bush apenas foi um pouco mais longe.

Pelo menos retoricamente, parece que as principais autoridades do Governo Bush são muito mais belicosas. Deram início à luta. Usam linguagem extremista: "Ou vocês estão conosco, ou com os terroristas."

Agradecemos a eles, porque deixaram, bem claro, sua periculosidade. Antes, Clinton persuadia alguns povos de que era uma pessoa civilizada e de que seu governo levava em conta o que era melhor para a humanidade. Hoje, não precisamos aturar essas bobagens. É óbvio que o Governo Bush está fora de controle. Dele fazem parte indivíduos perigosíssimos.

Como você avalia a política dos Estados Unidos em relação a Israel?

Israel é o cão de guarda no Oriente Médio, e é por isso que os palestinos continuam vítimas de uma das mais longas ocupações militares. Eles não têm petróleo. Se fossem os sauditas, não estariam ocupando a posição atual. Mas têm o poder de perturbar a ordem imperialista no Oriente Médio. Certamente, até que haja justiça para os palestinos, não haverá estabilidade no Oriente Médio. Estou convencido disso. Israel é o representante dos Estados Unidos naquela região. Suas políticas permanecem tão integradas com as americanas, que usam a mesma linguagem. Se você ler as declarações de Sharon e as de Bush, verá que são praticamente idênticas.

Você escreve para o Mirror, *o tablóide britânico com circulação superior a dois milhões de exemplares. Como conseguiu o emprego?*

Escrevi para o *Mirror* durante vinte anos. Voltei na década de 1960 quando cheguei da Austrália. Nos Estados Unidos, não existe nada igual ao *Mirror* — como o foi no passado e como está tentando voltar a ser. O *Mirror* é um tablóide de esquerda, um defensor do Partido Trabalhista neste país. Suponho que sua política seja de centro-esquerda. Na época em que atuei lá, o jornal era, politicamente, aventureiro. Publicava notícias de muitas partes do mundo, do ponto de vista das vítimas de guerra. Durante muitos anos, cobri o Vietnã para o *Mirror*. Naquela época, o jornal desempenhava papel fundamental na vida política deste país. Depois, entrou em um período longo e terrível, quando tentou imitar seu rival controlado por Murdoch, o *Sun*, e acabou transformando-se em um tablóide de baixa qualidade.

Desde 11 de setembro, o *Mirror* retornou às raízes e, pelo jeito, decidiu ser o que era antes. Recebi um telefonema, perguntando se eu escreveria para o jornal novamente e aceitei. É um prazer poder fazê-lo. Tornou-se um antídoto importante para uma mídia que é, sobretudo, defensora do *establishment* e, em parte, violentamente de direita. O *Mirror* está quebrando as regras, e isso é bom.

Em um de seus artigos, você chamou os Estados Unidos de "o principal Estado trapaceiro do mundo". Isso incorreu na ira do Washington Times, *de propriedade de Moon. Chamaram o seu jornal de "um tablóide sensacionalista lido por torcedores de futebol desordeiros". Seu compa-*

triota australiano, Rupert Murdoch, presidente da News Corporation, chamou o Mirror de "tablóide londrino amante dos terroristas".

Gostaria de fazer uma correção: Murdoch não é um compatriota australiano. Ele é americano.

Mas nasceu na Austrália.

Não, ele é americano. Abriu mão da cidadania australiana para comprar estações de televisão nos Estados Unidos, fato sintomático da forma como Murdoch age. Tudo está à venda, até mesmo sua cidadania. O *Mirror* não é lido por torcedores de futebol desordeiros. Seus leitores são pessoas comuns deste país. Aquele comentário é simplesmente paternalista. Mas ser criticado por Moon e por Murdoch de uma só vez foi, sem dúvida, um grande momento para mim.

George Orwell, em seu ensaio "Politics and the English Language"[Política e a língua inglesa], descreve a centralidade do idioma na estruturação e na informação do debate. Ele criticou, sobretudo, o uso de eufemismos e da voz passiva. Hoje, temos "dano colateral", "livre comércio" e "competição imparcial", e construções como "vilas foram bombardeadas", e "civis afegãos foram mortos". Você compara a retórica que circunda a guerra contra o terrorismo com o tipo de linguagem que Orwell criticou.

Orwell é quase o nosso teste de girassol. Parte de seus textos satíricos, hoje, parece realidade. Alguém como Cheney, que fala sobre "guerra interminável" ou guerra que pode durar cinqüenta anos, poderia ser o Big Brother. Temos Bush falando incessantemente do mal. Quem é o mal? Em *1984*, o mal chama-se Goldstein. Orwell escreveu uma paródia cruel. Mas esses indivíduos que estão governando os Estados Unidos colocam em prática o que dizem. Se eu fosse professor, recomendaria que todos os meus alunos lessem, sem demora, os livros de Orwell, sobretudo *1984* e *A revolução dos bichos*, porque assim começariam a entender o mundo.

E o uso da voz passiva?

Usar a voz passiva é sempre muito prático. Veja bem, grande parte do inglês de propaganda origina-se ali. O *establishment* britânico sempre usou a voz passiva. É uma arma do discurso para que os autores de atos terríveis no antigo império não fossem identificados. Hoje, o *establishment* britânico usa "o nós inclusivo", como em "Pensamos assim". Ouvimos muito isso. Essa forma sugere, erroneamente, que aqueles que tomam as decisões de bombardear países, de devastar economias e de participar de atos de pirataria internacional incluem todos nós.

Qual o problema do jornalismo atual?

Muitos jornalistas, agora, não passam de transmissores e de repetidores do que Orwell chamou de verdade oficial. Simplesmente, cifram e transmitem mentiras. Entristece-me o fato de que tantos de meus amigos profissionais dessa área possam ser manipulados a ponto de tornarem-se, na verdade, o que os franceses chamam de *functionaires*, não jornalistas.

Muitos deles colocam-se na defensiva quando lhes sugerimos que não são sequer um pouco imparciais e objetivos. O problema com as palavras "imparcialidade" e "objetividade" é que perderam o significado que tinham no dicionário. Foram dominadas. "Imparcialidade" e "objetividade" agora representam o ponto de vista do *establishment*. Sempre que um jornalista me diz:" Ah, você não entende, sou imparcial, sou objetivo", sei do que está falando. Posso decodificá-lo imediatamente. Isso quer dizer que ele transmite a verdade oficial. Quase sempre. Aquele protesto diz respeito a uma opinião consensual do *establishment*. Isso é internalizado. Jornalistas não sentam e pensam: "Agora falarei em nome do *establishment*." Claro que não. Mas internalizam um conjunto de suposições, e uma das mais potentes é que se deve ver o mundo quanto à sua utilidade para o Ocidente, não para a humanidade. Isso leva os jornalistas a distinguir entre as pessoas relevantes e as irrelevantes. Os indivíduos que morreram nas Torres Gêmeas, naquele crime terrível, eram relevantes. Aqueles que bombardeamos até morrerem em vilas poeirentas no Afeganistão são irrelevantes, ainda que agora pareça que o número de vítimas seja muito maior. As pessoas que morrerão no Iraque são irrelevantes. Obteve-se, com êxito, a transformação do Iraque em um lugar endemoniado, como se todos que vivessem lá fossem iguais a Saddam Hussein. Na intensificação desse ataque ao Iraque, os jornalistas excluíram, quase universalmente, a perspectiva de morte de civis, os números de pessoas que morreriam, porque isso não tem importância.

A situação somente começará a mudar quando os jornalistas entenderem seu papel nesse jogo, apenas quando perceberem que não podem ser, ao mesmo tempo, jornalistas honestos e independentes, e agentes do poder.

Tariq Ali

Janeiro 2002

Tariq Ali nasceu em 1943 em Lahore, na Índia então controlada pela Grã-Bretanha. Estudou no Paquistão e, depois, em Oxford. Sua oposição à ditadura militar no Paquistão, durante a década de 1960, resultou em exílio permanente na Grã-Bretanha. Participou ativamente do movimento contra a guerra na Europa no final da década de 1960.

Ali é editor da *New Left Review* e escreveu mais de uma dúzia de livros sobre História e sobre Política. O próximo é *Confronto de fundamentalismos: cruzadas, jihad e modernidade* (Record, 2002). Além disso, está trabalhando em dois conjuntos de romances. A editora Record publicou três romances do *Islamic Quintet*: *Sombras da romãzeira*, *O livro de Saladino* e *Mulher de pedra*, que mostram a civilização islâmica de uma forma, segundo ele, "contrária às opiniões-padrão". De sua trilogia *Fall of Communism*, publicou-se *Redenção* e *Medo de espelhos*. A obra criativa de Ali estende-se a roteiros para o teatro e para o cinema. Recentemente, encenou-se, em Cooper Union, em Nova York, uma pequena peça sua sobre o Iraque. Um legítimo "especialista", como dizem no sul da Ásia, trabalha, atualmente, em uma ópera sobre o aiatolá Khomeini.

No final de outubro, foi detido no aeroporto de Munique. "Os olhos do fiscal pousaram em um livro fino, em alemão, que ganhei de uma editora local", disse ele. "Ainda estava embrulhado em celofane. Com entusiasmo, o fiscal entregou-o, às pressas, a um policial armado. O livro ofensivo era um ensaio de Karl Marx, *Sobre o suicídio*." Ali disse que recebeu instruções rudes para refazer a mala, excluindo o livro e, depois, levaram-no à central de polícia no aeroporto. O policial responsável por sua prisão, acrescentou Ali, "deu um sorriso triunfante e disse: 'Depois do 11 de setembro, não se pode viajar com livros assim.' Naquele momento, minha paciência evaporou-se."

Ali exigiu que telefonassem ao Prefeito de Munique, que o entrevistara em um evento público na cidade, sobre a atual crise. A ameaça do telefonema foi suficiente para que recebesse permissão para prosseguir viagem.

Ali vive em Londres, e falei com ele, por telefone, no final de novembro.

Certa ocasião, um general paquistanês disse-lhe: "O Paquistão foi a camisinha que os americanos precisavam para entrar no Afeganistão. Usaram-nos e, agora, acham que podem nos jogar no vaso sanitário e dar a descarga." Isso foi na década de 1980, quando os Estados Unidos e o Paquistão financiaram e armaram os mujahideen *para vencer a ímpia União Soviética. Os Estados Unidos estão usando novamente o Paquistão como camisinha?*

Acho que os americanos pescaram a mesma camisinha, mas constataram que tinha orifícios demais. Assim, reabasteceram-se com outra e entraram novamente. Mas, desta vez, não puderam ir com o exército paquistanês, porque este criou o Talibã e o levou à vitória. Não se poderia esperar que matasse a própria cria. Os EUA forçaram o exército paquistanês a retirar seu apoio, e ele o fez, relutantemente, ou seja, foi obrigado a fazê-lo. Depois que o apoio paquistanês ao Talibã deixou de existir, ele caiu como um castelo de cartas, embora uma facção de linha dura, provavelmente, continue lutando nas montanhas durante algum tempo.

Talvez a maioria dos americanos desconheça a história de apoio ao Talibã pelo Paquistão e pelos EUA. Em uma palestra que proferiu no final de setembro, você disse: "As pessoas aprendem a esquecer a história." O que quis dizer com isso?

No Ocidente, desde o colapso do comunismo e do esfacelamento da União Soviética, a única disciplina para cuja exclusão as culturas oficiais e não oficiais se uniram foi a História, que, de certa forma, tornara-se muito subversiva. Há conhecimentos demais inseridos no passado e, portanto, é melhor esquecê-lo e começar do zero. Mas, como todos estão descobrindo, não se pode fazer isso com a História; ela recusa-se a desaparecer. Se tentarmos suprimi-la, ela ressurgirá de modo horripilante. É isso que está acontecendo.

É uma falha total na imaginação do Ocidente conseguir ver Adolf Hitler como o único inimigo. Na verdade, isso começou durante a guerra de Suez, em 1956, que denomino primeira guerra do petróleo. Gamal Abdel Nasser, o líder nacionalista do Egito, foi descrito pelo Primeiro-Ministro britânico Anthony Eden, como um Hitler egípcio. E assim foi. Saddam Hussein tornou-se Hitler quando deixou de ser amigo do Ocidente. Depois foi a vez de Milosevic. Agora, a Al Qaeda e o Talibã são representados como fascistas. A forte implicação é que Osama bin Laden é um Hitler, ainda que não tenha qualquer poder de

Estado. Quando pensamos seriamente a esse respeito, é grotesco. Na realidade, o único participante desse jogo que mostrou condescendência com os nazistas foi o rei Zahir Shah, que depois ocupou o trono afegão. Ele esperava que os nazistas vencessem os ingleses na Índia e ele, tendo colaborado, pudesse usufruir de parte dos saques!

Mas a razão pela qual conseguem safar-se é que a importância da História foi totalmente minimizada. Agora temos populações no Ocidente com memória curtíssima. Uma razão para isso é que a televisão, nos últimos 15 anos, mostrou enorme declínio na cobertura dos fatos do resto do mundo. Quando mostram a História, essa é a antiga e vem, ainda, revestida de sensacionalismo. E a contemporânea é praticamente ignorada na televisão. Se analisarmos o que os noticiários das redes dos Estados Unidos mostram, praticamente não encontraremos cobertura dos fatos do resto do mundo, nem mesmo de países vizinhos, como o México, ou de continentes vizinhos, como a América Latina. Em essência, é uma cultura provinciana, que gera ignorância e que é muito útil em tempos de guerra, porque é possível instigar fúria em populações desinformadas e declarar guerra contra qualquer país. É assustador.

Compare as últimas guerras do século XX com a primeira guerra do século XXI.

Uma diferença é que as guerras anteriores foram genuinamente empreendidas por coalizões, nas quais os Estados Unidos foram a potência dominante, mas tinham que atrair outros povos para ficar ao seu lado. Tanto na Guerra do Golfo quanto em Kosovo, os Estados Unidos tiveram de obter o consenso de outros povos nessas alianças antes de prosseguir. A guerra no

Afeganistão, a primeira do século XXI, mostra os Estados Unidos fazendo o que querem, sem se importar com quem é hostilizado e com os efeitos sobre as regiões vizinhas. Não acho que estejam muito preocupados com as conseqüências, caso contrário, dariam mais atenção à Aliança do Norte, à qual estão dizendo que matem prisioneiros talibãs. É o rompimento total com todas as convenções de guerra até então conhecidas. As redes ocidentais de televisão não mostram isso. Ao contrário, mostram cenas deliberadamente criadas para a mídia ocidental: algumas mulheres sem o véu, uma lendo o jornal na televisão de Kabul e 150 pessoas aplaudindo. Contudo, as redes árabes mostram como os prisioneiros estão sendo mortos e o que é feito com eles.

Todas essas guerras são similares na forma de usar a ideologia da chamada intervenção humanitária. Não queremos fazer isso, mas o fazemos pelo bem das pessoas que vivem lá. Obviamente se trata de um truque terrível, porque todo tipo de gente vive lá. De modo geral, fazem-no para ajudar uma facção e não outra. No caso do Afeganistão, nem mesmo disfarçaram. Foi, em sua essência, uma guerra brutal e vingativa com o objetivo de acalmar a sociedade americana. No Canadá, em meados de novembro, participei de um debate com Charles Krauthammer e disse que era uma guerra de vingança, ao que ele respondeu: "Sim, e daí?" Os indivíduos mais linha-dura, que também são mais realistas, simplesmente aceitam isso.

Os Estados Unidos aperfeiçoaram a manipulação, e nisso a mídia tem um papel importantíssimo.

De que modo?

Durante a Guerra do Golfo, os jornalistas costumavam contestar os porta-vozes de notícias do governo e insistiam que não aceitariam a versão oficial dos acontecimentos. Parece que, com a guerra nos Bálcãs e, agora, com esta, aceitaram a versão oficial. Jornalistas participam de coletivas no Ministério da Defesa, em Londres ou no Pentágono, em Washington, e não fazem qualquer pergunta crítica. É apenas uma operação para coleta de notícias, e o fato de que estas são fornecidas por governos que declaram guerra não parece preocupá-los muito.

Essa tarefa realmente cabe às redes alternativas de informação e de instrução. A Internet é uma aquisição valiosíssima. Não sei o que faríamos sem ela. Enviam-se informações de um país a outro em questão de minutos, atravessando canais, oceanos e continentes. Mas, mesmo assim, não podemos competir com a força, com o poder e com a riqueza daqueles que, hoje, dominam, controlam e detêm os meios de produção das informações. São as cinco ou seis grandes empresas que controlam e possuem a mídia, as editoras e o cinema.

Tony Blair ocupa lugar de destaque na guerra contra o terrorismo. Em muitos aspectos, ele é ainda mais visível do que Bush. Qual o motivo do entusiasmo de Blair pela guerra?

Blair age assim para chamar a atenção, para pavonear-se diante do mundo, fingindo ser o líder de uma grande potência imperial quando, na verdade, é o líder de um país de porte médio no Norte europeu.

Acho que Clinton certamente gostou de usá-lo. Mas o Governo Bush não o leva a sério.

Noam Chomsky destaca que a Grã-Bretanha não bombardeou Boston e Nova York, onde se localizam importantes defensores e redes financeiras do IRA [Exército Republicano Irlandês].

Acho que Noam está certo. Porém, apenas o fato de levantar a questão mostra que a Grã-Bretanha não é uma potência imperial, mas que os Estados Unidos, sim. Agora, os Estados Unidos são O Império. Não há um império; há O Império, e esse são os Estados Unidos. É muito interessante o fato de essa guerra não ser também do alto comando da OTAN, que foi totalmente marginalizada. A "coalizão contra o terrorismo" representa os Estados Unidos. Eles não querem que alguém interfira em sua estratégia. Quando os alemães ofereceram 2.000 soldados, Rumsfeld disse que nunca pediram soldados. Incrível dizer isso em público.

Em um artigo recente, você citou um poema de al-Maarri, poeta árabe do século X: "E onde o Príncipe comandou, agora o uivo do vento atravessa a corte do estado: 'Aqui', ele proclama, 'viveu um potentado que não ouvia o soluço dos fracos'." Fale sobre "o soluço dos fracos".

Hoje o soluço dos fracos é o soluço das vítimas de políticas neoliberais que compreendem bilhões em todo o mundo. São esses indivíduos que deixam seus países, que se agarram às entranhas de um avião que parte da África para a Europa sem se importar se vão morrer no trajeto, e muitos morrem. Esse desespero é o resultado da globalização. A questão é: os fracos conseguirão organizar-se para promover mudanças ou não? Eles desenvolverão uma força política e interna para contestar os governantes? São essas as perguntas do mundo. Cada vez mais, as pessoas sentem que a democracia está sendo destruída por essa fase mais recente da globalização e que a política é irrelevante, porque nada muda. Trata-se de uma situação global perigosíssima, porque, quando isso acontece, vemos também os atos de terrorismo, que emana da fraqueza, não da força. É o sinal do desespero.

O velho al-Maarri foi um grande poeta cético. Escreveu uma paródia do Alcorão, e seus amigos provocavam-no dizendo: "Mas al-Maarri, ninguém recita o seu Alcorão." E ele dizia: "Sim, mas dêem-me tempo. Dêem-me tempo. Se o recitarem durante vinte anos, tornar-se-á tão conhecido quanto o outro." Foi uma época boa no Islã, quando se contestava a autoridade em todos os níveis. Muito diferente do mundo de hoje, diga-se de passagem.

E, neste mundo, os Estados Unidos estão prevendo uma longa guerra contra o terrorismo. Falam que ela durará dez ou 15 anos e envolverá até sessenta países. O Governo Bush lembra-nos diariamente que a guerra contra o terrorismo ainda está em fase inicial. Quais são as implicações disso?

A principal implicação é o novo mapeamento do mundo de acordo com a política e com os interesses dos Estados Unidos. Os recursos naturais são limitados, e os Estados Unidos querem garantir o abastecimento de sua população. O principal efeito disso será o controle, pelos Estados Unidos, de grandes quantidades de petróleo que o mundo possui. Há alguns indivíduos que dizem que essa guerra é por causa do petróleo. Honestamente, não creio. Mas isso não significa que, depois de terem resolvido a primeira parte, ela não será usada para afirmar ou para reafirmar a hegemonia econômica dos Estados Unidos na região.

Eles querem fazer a mesma coisa no Oriente Médio, cujo grande problema é que, pelo simples fato de existirem, o Iraque e a Síria são ameaças potenciais a Israel. Além disso, o Iraque é dono de muito petróleo, e como Kissinger, aquele assassino, disse certa vez: "Por que devemos permitir que os árabes fiquem com o petróleo?" Como Israel é o aliado central dos Estados Unidos na região, gostariam de enfraquecer a oposição potencial. Atacar o Iraque e, possivelmente, até mesmo a Síria é uma forma de fazê-lo. É uma política cheia de perigo para aqueles que a executarem, porque exclui totalmente a reação de pessoas comuns. Explosões de massa poderiam ocorrer? Em caso afirmativo, veremos a queda de países como a Arábia Saudita. Ninguém vai chorar se a família real perder o trono; mas, se isso acontecer, ela será provavelmente substituída por um protetorado ou por governo colonial americano, ou pelos Estados Unidos disfarçados de ONU. Outros países governados por xeiques corruptos, como os Emirados Árabes, também sucumbirão. Nesse momento, o que os Estados Unidos farão? Deixarão os israelenses agirem como guardiões do petróleo em toda a área? Isso resultará em guerrilhas permanentes. Ou farão que tropas americanas e européias guardem a região? Isso também geraria guerrilhas limitadas. A única maneira pela qual conseguirão governar será eliminando grandes números de pessoas que vivem lá.

E o Iraque?

Se atacarem o Iraque na fase seguinte, enfrentarão grandes problemas. Tenho certeza de que, na Europa, o movimento contra a guerra cresceria rapidamente. O mundo árabe poderia explodir. É isto que aliados dos Estados Unidos na Arábia Saudita e no Egito estão lhes dizendo: Não ataquem o Iraque. A coalizão quebrar-se-á, e até mesmo a Turquia diz que não participará de um ataque ao Iraque. Provavelmente, o plano é criar um Estado independente em um canto do Iraque e depois usá-lo como base para destruir Saddam Hussein. Se seguirem por esse caminho, o mundo, então, se tornará um lugar imprevisível e perigosíssimo. A única coisa que não resultará de tudo isso será a intimidação do terrorismo, que aumentará, porque quanto mais governos destruídos, mais o povo buscará vingança.

Depois de flertar com o neo-isolacionismo, os Estados Unidos agora decidiram que querem controlar o mundo. Deveriam vir a público e dizer abertamente: "Nós somos a única potência imperialista e vamos governar vocês e, mesmo se não gostarem da idéia, terão de engoli-la." O imperialismo americano sempre foi aquele que teme falar seu nome. Agora, começa a fazê-lo. De certa forma, é melhor assim. Agora sabemos onde ajoelhar.

Edward Said
Novembro 2001

Urbano e sofisticado, Edward W. Said é, em muitos aspectos, o típico nova-iorquino. Seu amor pela cidade é palpável. "Nova York", ele diz, "tem um papel importante na crítica e na interpretação que faço." Espelha a diversidade e a energia irrequieta da cidade. Além do grande amor pela literatura e do interesse incessante pela política, é um devoto inveterado da ópera e da música erudita. Pianista habilidoso, abre sua casa no Upper West Side de Nova York para artistas, para escritores e para músicos do mundo todo.

É nova-iorquino desde 1963, quando aceitou uma cadeira em Colúmbia, onde, agora, tem o título de Professor Universitário. Nascido em Jerusalém e educado em escolas de lá e do Cairo, no início da década de 1950, Said veio para os Estados Unidos, onde freqüentou Princeton e Harvard. Atualmente, fala-se muito em intelectuais públicos, mas há muita conversa fiada. Said é autêntico. Suas habilidades e seus talentos intelectuais são infundidos de paixão e de um sentimento de ultraje pelas hipocrisias, pelas contradições e pelas indignidades do que passa como comentário político, sobretudo no que diz respeito ao Oriente Médio. Sem dúvida, nos Estados Unidos, ele é o porta-voz mais proeminente da causa palestina.

Sua produtividade e variedade de interesses são impressionantes. Trabalhador incessante e incansável, mesmo lutando contra a leucemia, mantém um horário rigoroso. Autor fecundo, publicou, recentemente, *Reflexão sobre o exílio e outros ensaios* e *Cultura e Política*. A maior parte de sua obra política não se dedica apenas à escavação de memórias enterradas e à afirmação da presença palestina, mas também aponta para um futuro no qual a paz é possível.

Ao longo dos anos, ele concedeu-me muitas entrevistas, e o que sempre me surpreendeu foi sua forte energia intelectual e, por que não, o entusiasmo para falar. Era sempre obstinadamente animado. Seu papel oposicionista, ele diz, é "peneirar, julgar, criticar e escolher para que a opção e a ação retornem ao indivíduo." Antevê uma comunidade que não exalta "interesses comerciais e metas comerciais lucrativas", mas que valoriza, sim, "a sobrevivência e a sustentabilidade de forma humana e decente. São metas difíceis de se atingir; porém, penso que são possíveis". No final de setembro, falei com ele por telefone.

Os eventos de 11 de setembro desnortearam e confundiram muitos americanos. Qual foi a sua reação?

Como nova-iorquino, achei o acontecimento chocante e aterrador, sobretudo sua proporção. No fundo, foi um desejo implacável de fazer mal aos inocentes. Os alvos foram os símbolos: o World Trade Center, o coração do capitalismo americano, e o Pentágono, o quartel-general do *establishment* militar americano. Mas aquele ato não era para ser questionado. Não fazia parte de qualquer negociação nem pretendia transmitir mensagem alguma. Falou por si, o que é incomum. Transcendeu o domínio político e entrou no metafísico. Havia um certo espírito cósmico, demoníaco, em ação, que se recusou a ter qualquer interesse no diálogo, na persuasão e na organização política. Foi uma destruição sanguinária sem nenhum motivo, exceto colocá-la em prática. Observe que não houve qualquer reivindicação para esses ataques. Não houve exigências nem declarações. Foi um ato de terror silencioso que de nada fazia parte. Foi um salto em outra dimensão — uma dimensão de abstrações loucas e de generalidades mitológicas envolvendo pessoas que seqüestraram o Islã para seus próprios objetivos. É importante não cair naquela armadilha e tentar responder com alguma retaliação metafísica.

O que os EUA devem fazer?

A reação justa a esse evento terrível seria ir, de imediato, à comunidade mundial, às Nações Unidas. A regra da lei internacional deve ser observada, mas, provavelmente, é tarde demais, porque os Estados Unidos nunca a respeitaram; sempre agem sozinhos. Dizer que vamos exterminar países ou erradicar o terrorismo e que a guerra será longa e durará muitos anos, com muitos instrumentos distintos, sugere um conflito muito mais complexo e demorado para o qual, creio eu, a maioria dos americanos não está preparada. Não há uma meta definida em vista. A organização de Osama bin Laden saiu de seu controle, e, agora, é provável que independa dele. Outros aparecerão e reaparecerão. É por isso que precisamos de uma campanha muito mais precisa, definida e pacientemente elaborada, que investigue não apenas a presença dos terroristas, mas também as origens do terrorismo, que podem ser determinadas.

Quais são essas origens?

Elas vêm de uma longa dialética de envolvimento dos EUA nas questões do mundo islâmico, do mundo produtor de petróleo, do mundo árabe, do Oriente Médio — aquelas áreas consideradas essenciais aos interesses e à segurança dos EUA. E, nessa série de interações que se desdobram incessantemente, os Estados Unidos têm um papel bastante distinto que a maioria dos americanos simplesmente desconhece ou, pelo menos, dele está isolada.

No mundo islâmico, os EUA são vistos de duas formas distintas. Uma delas admite que eles são um país extraordinário. Todo árabe ou muçulmano que conheço tem um enorme interesse nos Estados Unidos. Muitos mandam os filhos estudarem aqui, outros vêm passar férias e fazer negócios ou estágios. A outra é a dos Estados Unidos oficial, o país de exércitos e intervenções que, em 1953, depôs o governo nacionalista de Mossadegh no Irã e trouxe de volta o xá, que se envolveu primeiro na Guerra do Golfo e, depois, na imposição de sanções perigosíssimas contra civis iraquianos; é a dos Estados Unidos que apóiam Israel contra os palestinos.

Quem habita essa região vê tudo isso como parte de uma motivação contínua para dominação e, com ela, uma certa implacabilidade, uma oposição obstinada aos desejos, vontades e aspirações do povo que ali vive. Para a maioria dos árabes e muçulmanos, seus desejos são negligenciados pelos Estados Unidos. Eles ainda acham que o país busca suas políticas de modo egoísta e não de acordo com muitos dos princípios que reivindica como seus — democracia, autodeterminação, liberdade de expressão e de reunião pacífica, direitos internacionais. É dificílimo, por exemplo, justificar os 34 anos de ocupação da Cisjordânia e da faixa de Gaza, os 140 assentamentos israelenses e cerca de 400.000 colonos. Os Estados Unidos financiaram e apoiaram essas ações. Como se pode dizer que isso faz parte do apoio americano ao Direito Internacional e às resoluções da ONU? O resultado é uma imagem esquizofrênica dos Estados Unidos.

Agora vem a parte realmente triste. Em geral, os governantes árabes não são benquistos e recebem apoio dos Estados Unidos contra a vontade do seu povo. Nessa mistura inebriante de violência e de políticas notavelmente detestadas, não é difícil para demagogos, sobretudo para indivíduos que alegam falar em nome da religião, neste caso o islamismo, organizar uma cruzada contra os Estados Unidos e dizer que precisam, dé alguma forma, derrubar a América.

Ironicamente, muitos deles, entre os quais Osama bin Laden e os *mujahideen*, foram, na verdade, criados pelos Estados Unidos no início da década de 1980 em seu empenho para expulsar os soviéticos do Afeganistão. Pensou-se que mobilizar o Islã contra o comunismo ímpio daria um grande susto à União Soviética, e isso, na verdade, veio à tona. Em 1985, um grupo de *mujahideen* veio a Washington e foi recebido pelo Presidente Reagan, que o chamou de "combatentes da liberdade". Esses indivíduos, diga-se de passagem, não representam o mundo islâmico em nenhum aspecto formal. Não são xeiques nem imames. São guerreiros autonomeados para o Islã. Osama bin Laden, que é saudita, considera-se patriota, porque os EUA têm forças na Arábia Saudita, que é sagrada por ser a terra do profeta Maomé. Além disso, nutrem um grande sentimento de triunfalismo de que, assim como vencemos a União Soviética, podemos derrotá-los. E, em conseqüência desse sentimento de desespero e de religião patológica, tem-se uma grande motivação para prejudicar e para ferir, sem consideração pelos inocentes e não pelos envolvidos, que foi o caso de Nova York. Porém, é preciso entender esse acontecimento e, obviamente, não o justificar ou perdoar. O que me aterroriza é que estamos entrando em uma fase na qual seremos considerados apatriotas e seremos vetados se começarmos a falar sobre o assunto como se fosse algo que pudesse ser entendido historicamente, sem qualquer condescendência. É perigosíssimo. Por isso, cada cidadão tem a tarefa de entender o mundo e a história da qual fazemos parte e que estamos escrevendo como superpotência.

Alguns críticos e políticos parecem ecoar Kurtz em O coração das trevas *quando ele disse: "Exterminem todos os selvagens."*

Nos primeiros dias, achei tudo isso melancolicamente monocromático. De modo geral, é a mesma análise repetidas vezes, fazendo-se pouquíssima concessão a opiniões, a reflexões e a interpretações diferentes. O que é mais preocupante é a ausência de análise e de reflexão. Considere a palavra "terrorismo", que se transformou em sinônimo de antiamericanismo que, por sua vez, tornou-se sinônimo de crítica aos Estados Unidos, que, por sua vez, tornou-se sinônimo de apatriotismo. Trata-se de uma série de equações inaceitáveis. A definição de terrorismo tem que ser mais exata para que possamos discriminar entre, por exemplo, o que os palestinos fazem para combater a ocupação militar israelense e o tipo de terrorismo que resultou no ataque ao World Trade Center.

Que distinção você faz?

Considere um jovem da faixa de Gaza, vivendo nas condições mais horrendas — a maioria delas imposta por Israel — que prende dinamite ao corpo e depois se atira contra uma multidão de israelenses. Nunca justifiquei esses atos nem com eles concordei, mas, ao menos, é compreensível como o desejo desesperado de um ser humano que se sente excluído da vida e de tudo que o cerca, que vê seus compatriotas — outros palestinos, os pais, irmãs e irmãos — sofrendo, sendo feridos ou mortos. Ele quer fazer alguma coisa, reagir. Pode-se entender isso como o ato de um indivíduo realmente desesperado que tenta libertar-se de condições impostas injustamente. Não concordo com isso, mas, pelo menos, pode-se entendê-lo. As pessoas que perpetraram o terror dos ataques ao World Trade Center e ao Pentágono eram diferentes, porque, é óbvio, não estavam desesperadas e nem eram pobres refugiados. Pertenciam à classe média, tinham instrução suficiente para falar inglês, para freqüentar uma escola de vôo, para vir para a América, para viver na Flórida.

Em sua introdução à versão atualizada de Covering Islam: How the Media and the Experts Determine How We See the Rest of the World, *você diz: "Generalizações dolosas sobre o mundo islâmico tornaram-se a forma menos aceitável de aviltar a cultura estrangeira no Ocidente." Por quê?*

O sentido do Islã como um Outro ameaçador — com os muçulmanos representados como fanáticos, violentos, luxuriosos, irracionais — foi desenvolvido durante o período colonial que denominei Orientalismo. O estudo do Outro está muito relacionado ao controle e à dominação geral da Europa e do Ocidente sobre o mundo islâmico. E persiste, porque essa relação de dominação tem raízes religiosas profundas nas quais o islamismo é visto como um competidor do cristianismo. Se observarmos os currículos da maioria das universidades e das escolas neste país, considerando-se nossa longa convivência com o mundo islâmico, há pouquíssimas informações sobre o Islã. Se analisarmos a mídia popular, veremos que o estereótipo iniciado com Rodolfo Valentino em *O xeique* permaneceu e transformou-se no vilão transnacional da televisão, do cinema e da cultura em geral. É muito fácil fazer generalizações impensadas sobre o Islã. Tudo que se tem a fazer é ler algumas poucas edições de *New Republic* e ver o mal radical associado ao mundo islâmico, os árabes como detentores de uma cultura depravada, e assim por diante. São generalizações impossíveis de se fazer nos Estados Unidos sobre qualquer outro grupo étnico ou religioso.

Em um artigo recente no London Observer, *você diz que o interesse dos Estados Unidos pela guerra tem sinistra semelhança com o capitão Ahab em busca de Moby Dick. Diga-me o que você tem em mente nesse caso.*

O capitão Ahab era um homem possuído pela obsessão de perseguir a baleia branca que o ferira — que lhe arrancara a perna — até o fim do mundo, não importava o que acontecesse. Na cena final do romance, o capitão Ahab é levado ao mar, preso à baleia branca com a corda de seu próprio arpão e, obviamente, segue em direção à morte. Foi uma cena de conclusão quase suicida. Todas as palavras que George Bush usou em público durante as etapas iniciais da crise — "procurado, vivo ou morto", "uma cruzada" etc. — sugerem não um progresso ordenado e considerado para colocar o criminoso diante da justiça, segundo as normas internacionais, mas, sim, algo apocalíptico, da grandeza da própria atrocidade criminosa. Isso agravará ainda mais a situação, porque sempre haverá conseqüências. E tenho a impressão de que conceder a Osama bin Laden — transformado em Moby Dick, um símbolo do mal no mundo — uma proporção mitológica é, na verdade, fazer o jogo dele. Acho que precisamos secularizá-lo, trazê-lo à realidade, tratá-lo como criminoso, como demagogo que, ilegalmente, desencadeou violência contra inocentes, puni-lo corretamente, em vez de destruir o mundo que o cerca e a nós mesmos.

Amartya Sen
Agosto 2001

Amartya Sem, da Índia, ganhou o prêmio Nobel de Economia, em 1998, por seu trabalho pioneiro a respeito de questões de desenvolvimento. Concentrou sua atenção nas origens sociais da fome, da pobreza e da desigualdade; além disso, enfatizou a necessidade de dar poder às mulheres.

Sen nasceu em Santiniketan, ao norte de Calcutá, em 1933. Sua família vivia lá e em Dhaka, que, na época, fazia parte da Índia, mas agora é a capital de Bangladesh. Estudou no Presidency College, em Calcutá, e no Trinity College, em Cambridge. Ele é Master of Trinity College, Professor Emérito da Lamont University em Harvard e presidente honorário do Oxford Committee for Famine Relief (OXFAM). Também lecionou na London School of Economics, na Universidade de Oxford e na Universidade de Deli. Além disso, ajudou a definir o Índice de Desenvolvimento Humano das Nações Unidas, que compara o bem-estar social de indivíduos em vários países.

Uma de suas obras mais famosas, *Poverty and Famines: An Essay on Entitlement and Deprivation* (Oxford University, 1981), contesta a opinião de que a escassez de alimentos é a principal causa da fome. Ao contrário, Sen provou que a fome é um problema social e ocorre apenas em países não democráticos. Seu livro mais recente, *Desenvolvimento como liberdade*, é uma coletânea de palestras que proferiu no Banco Mundial.

Falei com Sen em seu gabinete em Harvard, em meados de abril. Disse-me que ficava "sempre preocupado" com o fato de dar entrevistas, pois temia que suas opiniões fossem mal interpretadas.

Mas, quando descobriu que eu passara alguns anos na Índia, ficou mais à vontade. Contou-me de sua admiração pelo poeta indiano e também vencedor do prêmio Nobel Rabindranath Tagore (1861-1941), que era, diga-se de passagem, amigo da família. Na verdade, foi Tagore quem lhe deu o primeiro nome, Amartya, que significa imortal. "Quando criança, encontrei-me com ele várias vezes e lembro-me de sua presença simpática e bondosa." A mãe de Sen era dançarina e "representou o papel principal em vários dos dramas musicais de Tagore em Calcutá", contou-me. Hoje, aos noventa anos, ela edita uma revista literária em Bengali. A ênfase de Tagore sobre o poder de "escrutínio lógico" e sua preferência pelo "todo coeso da civilização mundial" marcaram-no, disse Sen. "Cresci naquela cultura."

Outras influências que ele mencionou foram John Stuart Mill, Adam Smith, Karl Marx e Mahatma Gandhi. Além disso, expressou admiração por Akbar, o grande imperador mongol do século XVI, que considerava a Índia um lugar onde a multiplicidade de povos e de culturas poderia coexistir.

Um homem cosmopolita, Sen emocionou-se ao recontar a história inicial desta entrevista.

Conte-me sobre o episódio, em sua infância, acontecido em Dhaka, que lhe causou grande impacto.

Aconteceu quando eu tinha cerca de 10 anos. Brincava sozinho no jardim de nossa casa quando, subitamente, tive consciência da presença de alguém. Ergui os olhos e havia um homem, cujo abdome sangrava profusamente. Fora esfaqueado. Passou pela porta, pedindo ajuda e água. Gritei por socorro, enquanto tentava deitá-lo no chão. Ele era muçulmano, trabalhador diarista e chamava-se Kader Mia. Viera procurar trabalho em Wari, região de maioria hindu, ainda que soubesse que a época era tumultuada e que os muçulmanos em regiões hindus eram assassinados, assim como em regiões muçulmanas os hindus eram assassinados. Ofereceram-lhe emprego, por isso veio, apesar da relutância, pois era pobre, e a família não tinha o que comer. Estava a caminho do trabalho quando foi esfaqueado. Aquele homem contou-me que sua mulher lhe pedira que não fosse a regiões tão perigosas. Mas sentiu-se, economicamente, impelido a fazê-lo para ter uma renda. A punição para essa falta de liberdade econômica foi a morte.

Esse incidente teve enorme impacto em mim. Eu achava incrível que membros de uma comunidade pudessem matar os de outra não por um problema pessoal, mas, simplesmente, devido a suas identidades. Ainda é uma idéia complicada para a mente humana entender: por que você tiraria a vida de alguém que não lhe fez qualquer mal, a quem você nem mesmo conhece, apenas porque ele pertence a determinado grupo? Para mim, aquilo era aterrador e extremamente confuso, tanto do ponto de vista ético quanto intelectual. Que raciocínio era aquele?

Além disso, esse incidente deixou em mim um ceticismo profundo em relação às identidades comunitárias. Até hoje, cultivo uma hostilidade instintiva à política e à filosofia comunitárias. Parte dessa hostilidade relaciona-se a algumas análises que tentei apresentar em minha obra. Mas acho que a repulsa instintiva está relacionada ao fato de eu ter visto alguns dos lados obscuros da identidade comunitária. Foi muito forte. Eu sabia que havia tumultos, mas não eram tão reais para mim até que segurei um homem ensangüentado em meus braços e ele acabou morrendo no hospital. A explicação comovente de Kader Mia sobre o motivo de não ter ouvido os conselhos sábios da esposa continua fortemente presente em meus pensamentos. Por causa da falta de liberdade na vida, se quisesse ser um bom pai de família e alimentar os filhos, teria que aproveitar cada oportunidade que aparecesse, mesmo correndo grande risco pessoal. Correu o risco e morreu. Aquilo me fez entender que a falta de liberdade econômica podia ser uma razão importante para a perda da liberdade de viver. O fato de diversos tipos de liberdade inter-relacionarem-se tornou-se idéia central para mim a partir daquele momento.

Outra experiência importante foi a escassez de alimentos em Bengala em 1943. Li que, na infância, você entregava uma lata de arroz aos refugiados famintos que passavam pela casa de seu avô em Santiniketan.

Primeiro, um comentário sobre a lata de arroz. De certa forma, em uma das entrevistas que concedi, mencionei que meu avô permitia-me encher de arroz — tirado do grande pote que tínhamos — uma lata vazia de cigarros e dá-la a qualquer família que viesse em busca de ajuda. Mas não há nada de mais nisso, não é uma lembrança forte. A principal lembrança que tenho daquele período não é minha tentativa de ajudar de maneira tão insignificante, mas a perplexidade quanto ao motivo de tantas pessoas morrerem de repente. De onde eram elas? Eu não conhecia nenhuma. Não freqüentaram a escola que eu freqüentei, não uma escola de ricos, mas uma escola de classe média com mensalidade simbólica.

A exemplo de toda a escassez de alimentos, essa era, exclusivamente, social. Dependendo do grupo ocupacional a que se pertencia e à classe social de origem, era-se dizimado ou não se tinha problema algum. Noventa a 95% de vidas bengalis seguiram seu curso normal, enquanto três milhões morreram. Todos vinham de uma pequena comunidade, de uma pequena classe. Os mortos eram, em geral, assalariados da zona rural, mas também do transporte fluvial ou de outros empreendimentos e de serviços, como barbeiros e artesãos. A fome instalou-se, e não havia mercado para eles. Economicamente, esse pequeno grupo era muito vulnerável. Afogou-se na enchente da fome.

Assim, o problema social da fome era uma memória fortíssima. Depois constatei que quase nenhuma escassez de alimentos atinge mais de 5% — quase nunca mais de 10% — da população. A maior proporção de um povo atingido pela fome foi a irlandesa, na década de 1840, que se aproximou de 10% durante vários anos.

Além disso, havia evidências consideráveis, que reuni com meus pais e com outros, de que a colheita não fora ruim, portanto, era curioso haver escassez de alimentos em Bengala, o que aconteceu durante a Segunda Guerra Mundial. Os japoneses estavam em Burma, e o exército britânico, em Bengala. Havia inflação e demanda elevadas por causa da guerra. Os preços aumentaram. Em circunstâncias normais, meeiros e trabalhadores assalariados eram quase igualmente pobres. Mas, com o aumento dos preços, os assalariados começaram a cair imediatamente, ao passo que os meeiros, que recebiam parte da renda em alimentos, não vivenciaram o problema da mesma forma.

Aos dez anos, quando presenciei a fome e sua natureza social, sua repentinidade e seu antagonismo, comecei a perceber que a complexidade de todo o sistema econômico precisava entrar na História.

Em Desenvolvimento como liberdade, *você escreve: "Na História da humanidade, a fome nunca ocorreu em uma democracia ativa." Por quê?*

Por volta da década de 1970, estava cada vez mais claro para mim que, empiricamente, a escassez de alimentos não ocorria em democracias ativas e que isso não parecia ser um acidente. Havia uma boa razão. Meu primeiro livro sobre o assunto, *Poverty and Famines*, foi publicado em 1981, e, na época, entendi como a escassez de alimentos funciona e como é fácil preveni-la. Não se pode impedir a desnutrição com a mesma facilidade, mas pode-se deter essa escassez com um mínimo de esforço. Então, a pergunta era: "Por que o governo não a impede?"

A primeira resposta é que os servidores públicos e os líderes pertencem à classe superior. Nunca passam fome nem sofrem com a escassez de alimentos e, portanto, não têm o incentivo pessoal necessário para detê-la. Segundo, se o governo é vulnerável à opinião pública, então a escassez de alimentos é péssima. Não se pode vencer muitas eleições depois de um período de escassez de alimentos, e ninguém quer ser criticado pelos jornais e no parlamento, por partidos de oposição etc. A democracia concede ao governo um incentivo político imediato para agir.

A escassez de alimentos ocorre em um governo colonial, como o Raj britânico na Índia ou na Irlanda, em ditaduras militares em vários países, como a Somália e a Etiópia, ou em estados monopartidários, como a União Soviética e a China.

Os chineses tiveram o fracasso do Grande Salto para a Frente, que resultou em uma época de escassez de alimentos entre 1958 e 1961, período no qual quase 30 milhões de pessoas morreram. Enquanto isso, as políticas desastrosas do governo não foram revistas. Isso seria impensável em uma democracia. Similarmente, enquanto a fome continuava, houve também a privação de informações. Trata-se de um fato adicional: a conexão informativa relativa à conexão de incentivo político. Os indivíduos em cada grupo, obviamente, percebiam que não estavam muito bem, mas liam nos jornais que tudo estava bem no resto do país. É isso que a censura faz. Todos tiraram a conclusão de que apenas eles estavam fracassando. Por isso, em vez de admitirem o fracasso, falsificaram os números. Quando Pequim fez a soma, no auge da escassez de alimentos, achou que tinha 100 milhões a mais de toneladas métricas de arroz. Assim, a censura à imprensa, que quase sempre acontece na ausência de um sistema democrático, teve o efeito de enganar não apenas a população, mas também, em última instância, o Estado.

Na União Soviética aconteceu algo parecido. Havia desilusão e arrogância. Claro, no caso da fome na Ucrânia, houve também a aversão por um grupo, os *kulaks* e, sobretudo, a ausência de incentivos políticos que acompanha a falta de democracia e de informações que se somaram à História.

Na maioria das vezes, a Índia é aclamada na imprensa ocidental como a maior democracia do mundo. Porém, paradoxalmente, o país é governado por um nacionalista do partido hindu, o BJP (Bharatiya Janata Party), o qual conta com alguns elementos fanáticos. O que levou à "jihadização" da política na Índia?

Não creio que a Índia seja muito aclamada por sua democracia, que é um produto muito negligenciado em casa e no exterior. Na Índia, ela não recebeu muitos elogios de outros que considero mais esquerdistas, porque há a tendência de menosprezá-la como burguesa ou como uma farsa. Essa opinião era fortíssima quando eu era estudante e participava ativamente da política de esquerda. Quase todos os ativistas políticos achavam que era uma excentricidade cordial de minha parte considerar a democracia algo tão importante. De modo similar, no Ocidente, as pessoas têm interesse relativamente pequeno pela democracia indiana. De qualquer modo, os governos, o *establishment* militar obstinado e a parte conservadora geral da América nunca tiveram muito interesse pela democracia. Mas também, na esquerda, há um profundo ceticismo sobre o que ela significa quando se tem fome ou se é pobre. Naquele contexto, a aclamação da China — que tinha muitas razões para ser aclamada, mas não por sua falta de democracia — funcionou como uma barreira para ver que a Índia estava fazendo algo mais relevante. Portanto, quero corrigir essa impressão.

Lamento, é óbvio, o fato de o BJP estar no poder. Nunca votei neles e nunca o farei. Contudo, deve-se dizer que esse partido nunca se opôs à democracia. Nunca houve uma proposta para suspender a constituição, para mudar os direitos de voto ou para dispensar as eleições. Assim, nesse aspecto, não se pode dizer que um partido não-democrático tenha sido eleito para governar. Não é o caso. Mas o interesse deles, claro, é muito mais a favor de uma única comunidade em um país onde há várias. A Índia, creio, é tipicamente um país multicultural, com grande diversidade de religiões e de grupos e com uma população composta por hindus, por muçulmanos, por *sikhs*, por cristãos e por jainistas. A base política do BJP está, em grande parte, no sectarismo hindu. Mas esse partido sempre tentou demonstrar que tem membros muçulmanos. Não levo isso muito a sério. Eles não são muito poderosos. Mas é interessante que, até mesmo com essa base sectária, dada a natureza do Estado indiano, eles tenham que alegar que são, de certa forma, multiculturais, o que para mim é um tributo irônico ao secularismo democrático constitucional que, felizmente, temos na Índia.

O BJP tem cerca de um quarto dos votos. Essa proporção não cresce há anos. Faz parte de um governo de coalizão e fez boas alianças eleitorais com mais habilidade do que o Congress Party e a coalizão de esquerda conseguiram fazer.

Como bom democrata, acho certo que estejam no governo. É preciso misturar o rude ao harmonioso, e o BJP faz parte do lado rude da política indiana.

Em maio de 1998, a Índia realizou testes nucleares. Um mês depois, foi a vez do Paquistão. Qual foi sua reação?

Acho que foi um desenvolvimento desastroso. Mas prosseguir com o programa nuclear fazia parte da pauta do BJP durante a campanha eleitoral, e isso o partido cumpriu.

Grande parte do que se escreve no Ocidente subestima a existência de uma forte oposição aos testes. É muito fácil tirar fotos de pessoas alegres na rua depois da conquista da bomba nuclear. Mas não havia fotos de indivíduos taciturnos sentados na cozinha ou na sala de estar. Depois que acabou a euforia inicial, que ocorreu, sobretudo, em áreas urbanas, o governo nada ganhou em termos de apoio popular pela nuclearização.

Os testes nucleares tornaram todo o subcontinente menos seguro. A retaliação paquistanesa era previsível. Todos sabiam que o Paquistão tinha capacidade de produzir a bomba. Não importava que ela fosse menor que a da Índia porque, se se unirem em um holocausto nuclear, teremos centenas de milhões de mortos.

Acima de tudo isso, de um ponto de vista econômico, a Índia desviou muitos recursos que poderiam ter sido usados de forma mais produtiva para o desenvolvimento econômico e social.

Você é defensor ferrenho dos direitos das mulheres e escreveu sobre a ligação entre a falta de poder feminino e o aumento do índice de fertilidade.

Há um vínculo forte e nítido entre a redução da taxa de fertilidade, a alfabetização e o poder das mulheres. Se analisarmos os mais de trezentos distritos da Índia, os índices mais fortes para explicar as variações na fertilidade são a alfabetização das mulheres e o acesso ao emprego econômico lucrativo. Qualquer que seja o efeito, a longo prazo, do crescimento populacional rápido sobre o ambiente, o impacto imediato da procriação constante é sobre a vida e a liberdade das jovens. Qualquer fato que aumente a participação das jovens tende, portanto, a reduzir o índice de fertilidade.

Parece-me inevitável o interesse na questão dos sexos e da igualdade entre eles. Não espero qualquer crédito por seguir esse caminho, que é o único natural a se seguir. Por que algumas pessoas não vêem o óbvio?

Qual a sua opinião sobre a globalização?

A globalização é um assunto complexo, em parte porque o aspecto econômico é apenas uma de suas várias facetas, além da proximidade global, com seu aspecto cultural, social, político e econômico. Penso que todo o progresso, nos últimos dois ou três milênios, foi por inteiro dependente de idéias, de técnicas, de produtos e de indivíduos que se deslocavam de uma região do mundo para outra. Parece difícil ter uma perspectiva antiglobalização se considerarmos a globalização em seu sentido completo. Estou partindo dessa postura, porque é difícil opor-se apenas ao aspecto econômico da globalização, quando a desejamos em todos os seus aspectos. O movimento antiglobalização é um dos maiores eventos globalizados do mundo contemporâneo, pois indivíduos oriundos de toda parte — Austrália, Indonésia, Grã-Bretanha, Índia, Polônia, Alemanha, África do Sul — reúnem-se para fazer manifestações em Seattle ou em Quebec. O que poderia ser mais global do que isso?

Vivemos em uma comunidade mundial, e o contato econômico contribuiu, em parte, para isso. Além do que, a oportunidade econômica oferecida por esse contato ajudou, em grande escala, a reduzir a pobreza em muitas regiões do mundo. O sucesso obtido no Leste asiático segue nessa direção. Retrocedendo ainda mais, a saída para a pobreza na Europa ocidental e na América do Norte também está vinculada ao uso de oportunidades econômicas que o comércio internacional ajudou a promover.

Mas os Estados Unidos foram construídos graças ao genocídio e à expropriação de um continente inteiro, e a riqueza da Europa estava diretamente relacionada aos seus impérios coloniais.

Acho que é preciso separar os diversos fatos envolvidos nessa questão. Dizer que, sem dúvida, a América teve muita sorte em receber tantas terras e que os nativos foram muito infelizes com a chegada dos brancos é uma coisa. Mas afirmar que toda a prosperidade americana baseou-se na exploração das populações indígenas é um grande erro. Em grande parte, ela baseou-se na produtividade de indústrias modernas, o que Karl Marx viu com clareza. No volume um de *O Capital*, quando ele questiona qual é o maior evento do mundo contemporâneo, escolhe a Guerra de Secessão. Qual o objetivo dessa guerra? Substituir um relacionamento sem bases comerciais, ou seja, a escravidão, por um relacionamento assalariado. Marx não fala sobre 1848 e sobre a Comuna de Paris como um grande evento, porque ele, como um realista, viu que o capitalismo industrial estava provocando uma enorme mudança que não se alcançara antes e que poderia ser a sustentação de uma sociedade próspera. Talvez ele tenha se confundido quanto ao modo de se conseguir um alicerce mais igualitário, pensando em um futuro socialista. Mas, certamente, ele era um grande seguidor de Adam Smith e de David Ricardo, pois concordava com a idéia de que uma economia de mercado tinha enorme oportunidade para expandir a riqueza e permitir que as pessoas escapassem da pobreza.

E a Europa e o colonialismo? Bengala foi saqueada de sua riqueza, depauperada.

Bengala foi vítima de uma injustiça. Seu desenvolvimento retrocedeu. Não há dúvida de que o país sofreu terrivelmente com o colonialismo. Mas é um erro dizer que a Europa não teria tido qualquer revolução industrial se não fosse pelas colônias. Não creio que seja essa a análise a fazer. Por fim, o imperialismo causou sofrimento até mesmo para as classes trabalhadoras britânicas, que acharam a situação difícil de engolir, mas acabaram fazendo-o. Dizer que toda a industrialização da Europa e da América reflete apenas as recompensas de exploração do Terceiro Mundo é uma simplificação grosseira.

Vejamos outro país, por exemplo, o Japão. Tornou-se um país imperialista em muitos aspectos, mas muito mais tarde, depois que progredira bastante. Não creio que a riqueza desse país originou-se da exploração da China, mas sim de sua expansão no comércio internacional.

É preciso ser realista. A preocupação com a igualdade e com a justiça no mundo não nos pode levar ao território hostil da crença irracional. Perceber isso é importantíssimo.

E o aspecto desvantajoso da globalização econômica?

Costumo ser a favor da globalização econômica. Dito isso, ela nem sempre funciona e não o faz imediatamente para o interesse de todos. Há sofredores. O que precisamos analisar não é a denúncia por atacado da globalização, que não nos leva a lugar algum. É como o rei Kanute tentando disciplinar o mar. Além da importância da globalização, ela é inevitável. É uma questão de como torná-la mais humana e justa. Para isso, é preciso prestar atenção nos oprimidos.

Acredito que, praticamente, todos os problemas no mundo originam-se de algum tipo de desigualdade, que é o que estamos analisando. Temos que ver como tornar a situação mais justa. Para isso, precisamos prestar muita atenção, sobretudo nas condições de trabalho. É necessário que o movimento trabalhista seja mais ativo, que os esforços cooperativos revivam. É preciso rever a arquitetura financeira do mundo, porque, quando ela surgiu, na década de 1940, refletia uma realidade que não é mais verdadeira.

Ainda que eu seja a favor da globalização, tenho que agradecer a Deus pelo movimento antiglobalização, pois ele está colocando em pauta questões importantes. Os temas que os manifestantes discutem são de extraordinária relevância. Contudo, as teses que apresentam, às vezes na forma de *slogans*, são, quase sempre, simplificadas demais. Porém, apenas porque as teses são facilmente refutáveis — e só porque um economista ou um jornalista financeiro habilidoso poderia derrubá-las — não significa que o fato de colocar certos itens em pauta não tenha valor.

A globalização pode ser muito injusta, parcial e desigual, mas essas questões estão sob nosso controle. Não que não precisemos da economia de mercado. Precisamos dela. Porém, ela não deve ter prioridade ou domínio sobre outras instituições. Precisamos de democracia. Precisamos de ativismo político. Precisamos de movimentos sociais de vários tipos e de ONGs [organizações não governamentais]. Há, no mundo, uma necessidade de instituições pluralistas e de reconhecimento de diversos tipos de liberdade — econômica, social, cultural e política — inter-relacionados. É essa complexidade que não se pode captar quando se é contra ou a favor da globalização sem especificação.

O que o motiva?

Não tenho certeza se sou muito "motivado". Mas permita-me tentar dizer por que deveríamos ter razão para ser motivados! Vivemos por um curto período de tempo em um mundo que compartilhamos com outros. Quase tudo que fazemos depende de terceiros — desde as artes e a cultura até os agricultores que cultivam os alimentos que ingerimos. Muitas das diferenças que nos tornam ricos ou pobres são apenas questão de sorte. Gozar o privilégio do próximo seria um erro, e um erro ainda maior seria tentar converter isso em uma teoria de que os ricos são muito mais produtivos do que muitos de nós, pobres. É escandaloso quando se pensa sobre os indivíduos que não precisam passar fome, nem morrer sem cuidados médicos, nem ser analfabetos, nem se sentir desesperançados e miseráveis; porém, é isso o que acontece.

Mas não se trata apenas de uma questão de pobreza. Há alguns indivíduos que se dizem preocupados apenas com a pobreza, mas não com a desigualdade. Porém, não acho que seja uma idéia sustentável. Na verdade, grande parte da pobreza é desigualdade por causa do vínculo entre renda e capacidade — ter recursos adequados para participar da vida em comunidade. Portanto, é preciso haver interesse na desigualdade, pois ela e a pobreza não são distintas.

Precisamos fazer as perguntas morais: tenho o direito de ser rico? E de estar satisfeito, convivendo com tanta pobreza e desigualdade? Essas perguntas nos motivam a ver essa questão como sendo central à vida humana. Por fim, todo o questionamento socrático — "Como eu deveria viver?" — tem que incluir um componente fortíssimo de conscientização e de resposta à desigualdade.

Arundhati Roy
Abril 2001

Há um drama de grandes interesses desenrolando-se na Índia, e a escritora Arundhati Roy é um de seus atores mais visíveis. Empresas multinacionais, em conluio com grande parte da classe alta indiana, estão se posicionando para transformar o país em uma grande franquia. Roy indaga: "A globalização está relacionada à 'erradicação da pobreza mundial' ou é uma variedade mutante do colonialismo, operado por meio de controle remoto e digitalmente?"

Roy, 41 anos, é autora de *O Deus das pequenas coisas*, que ganhou o Booker Prize, vendeu seis milhões de cópias e foi traduzido para quarenta idiomas. O romance, que se passa em uma vila no sudoeste de Kerala, é repleto de elementos autobiográficos. Roy cresceu na comunidade cristã síria de Kerala, que corresponde a 20% da população. Ela ri quando diz: "Kerala abriga quatro das grandes religiões do mundo: hinduísmo, islamismo, cristianismo e marxismo." Há muitos anos, Kerala tem um governo marxista, mas Roy se apressa em acrescentar que os líderes partidários são brâmanes e que essa casta ainda tem grande influência.

O sucesso do romance de Roy gerou ofertas lucrativas de Hollywood, que ela rejeitou com prazer travesso. "Escrevi um livro obstinadamente visual, mas impossível de filmar", observa, acrescentando que recomendou ao seu agente para fazer os estúdios humilharem-se e, depois, lhes dizer não. Em Kerala, o livro tornou-se uma sensação. "As pessoas não sabem como lidar com ele", aponta. "Querem abraçar-me e dizer 'esta é a nossa garota'; porém, não querem abordar o tema do livro, ou seja, as castas. Têm de encontrar maneiras de filtrá-lo, afirmando que ele versa sobre crianças."

Roy vive em Nova Deli, onde estudou arquitetura. Mas, atualmente, não trabalha como arquiteta, nem como escritora. Envolveu-se com o ativismo político. Nos estados centrais e ocidentais de Madhya Pradesh, Maharashtra e Gujarat uma série de represas ameaça os lares e a vida de dezenas de milhões. Uma enorme organização popular — Narmada Bachao Andolan (NBA) — surgiu para resistir à construção dessas represas, e Roy faz parte dela. Além de ter dado o dinheiro de seu Booker Prize (cerca de trinta mil dólares) ao grupo, também protestou muitas vezes com ele, sendo, até mesmo, presa por isso.

É com habilidade que Roy usa sua condição de celebridade e seus consideráveis talentos de escritora para essa causa e para a do desarmamento nuclear. Seu artigo devastador sobre represas, "The Greater Common Good" [O grande bem comum], e sua denúncia pungente dos testes nucleares na Índia, "The End of Imagination" [O fim da imaginação], literalmente, jogaram lenha na fogueira. A classe alta não gostou de sua avaliação do desenvolvimento, e os nacionalistas abominaram-na por questionar o arsenal nuclear da Índia. (Esses dois artigos fazem parte de seu livro mais recente, *The Cost of Living*, Modern Library, 1999).

Porém, Roy está acostumada às críticas. "Toda vez que me pronuncio, ouço o tilintar de facas sendo amoladas", disse a uma revista indiana. "Mas isso é bom. Estou sempre afiada."

Seu artigo mais recente chama-se "Power Politics [Políticas de poder]". Nele, Roy analisa uma empresa de energia sediada em Houston, a Enron, que é uma grande financiadora de George W. Bush. Na Índia, a Enron tenta dominar o setor de energia de Maharashtra. A magnitude do que acontece, afirma, faz que os problemas de energia da Califórnia pareçam brincadeira de criança.

Em uma tarde fria de meados de fevereiro, Roy proferiu a palestra anual Eqbal Ahmad, no Hampshire College, em Amherst, Massachusetts, diante de uma multidão. Foi um grande encontro político. Depois, foi assediada por uma extensa fila de jovens mulheres do sul da Ásia, em sua maioria, muitas delas estudantes em uma das cinco faculdades da região de Amherst. Nessa ocasião, Roy doou os honorários da palestra para as vítimas do terremoto ocorrido em Gujarat.

Na manhã seguinte, eu a entrevistei no assento traseiro do carro que a levava de Amherst ao aeroporto Logan, em Boston. As duas horas de viagem passaram num piscar de olhos.

❦

Você cresceu em Kerala. Qual a condição das mulheres lá?

As mulheres de Kerala trabalham em toda parte da Índia e do mundo para mandar dinheiro para casa. Ainda assim, têm que pagar um dote para se casar e acabam vivendo relacionamentos absurdamente subservientes com o marido. Cresci em um vilarejo em Kerala. Foi um pesadelo para mim. Tudo o que eu queria fazer era fugir, sair, nunca ter que me casar com ninguém de lá. Obviamente, não havia alguém morrendo de vontade de se casar comigo [risos]. Eu era a pior coisa que uma garota podia ser: magra, negra e inteligente.

Sua mãe era uma mulher nada convencional.

Ela casou-se com um bengali hindu e, o que é pior, depois divorciou-se, o que significou a confirmação do pensamento de todos que, desde o início, opuseram-se ao seu casamento. Em Kerala, todos têm o que se chama *tharawaad* [linhagem]. Quem não tem pai não tem *tharawaad*. É um indivíduo sem endereço. É assim que se referem a essas pessoas que não têm linhagem. Cresci em Ayemenem, a vila na qual se passa *O Deus das pequenas coisas*. Considerando-se a situação atual, é fácil para mim dizer que agradeço a Deus por eu não ter tido condicionamento algum que uma garota indiana dita normal, de classe média, teria. Não tive pai, qualquer presença masculina nos dizendo que cuidaria de nós e, em troca, nos espancaria de vez em quando. Não tive casta nem classe, nem religião, qualquer dos cabrestos tradicionais, qualquer lente tradicional em meus óculos, da qual é difícil nos desfazermos. Às vezes, penso que, talvez, tenha sido a única garota na Índia cuja mãe dizia: "Não importa o que fizer, não se case" [risos]. Imagens de noivas causam-me alergia. Considero-as quase diabólicas. Acho tão assustador ver aquelas criaturas enfeitadas e adornadas de jóias, às quais me refiro como "lenha polida".

Conte-me mais sobre sua mãe.

Ela é como alguém extraviado do *set* de um filme de Fellini. É completamente excêntrica. Mas é maravilhoso ver uma mulher que prescindiu de um homem para garantir sua sobrevivência e mostrou que isso é possível, sem precisar sofrer. Costumávamos receber muita correspondência ofensiva. Embora minha mãe administre uma escola e seja muitíssimo bem-sucedida — as pessoas inscrevem os filhos antes de eles nascerem —, ninguém sabe o que fazer com ela nem comigo. O problema é que ambas somos não-convencionais segundo o padrão vigente. Sermos infelizes seria o mínimo que poderíamos ter feito, mas não o somos, e é isso que incomoda os outros.

A propósito, minha mãe é famosa em Kerala, porque, em 1986, ganhou um litígio de interesse público ao contestar a lei de herança da comunidade síria cristã, que dizia que uma mulher só pode herdar um quarto dos bens do pai, até o limite de 5.000 rupias. A Suprema Corte deu até um veredicto que conferia às mulheres igualdade de herança retroativa a 1956. Mas pouquíssimas exercem esse direito. Além disso, as igrejas vão ainda mais longe e ensinam os pais a fazer testamentos em que deserdam as filhas. Essa opressão que acontece por lá é muito estranha.

Desde que escreveu o romance, você produziu alguns notáveis artigos políticos. Como foi essa transição?

Parece uma transição apenas para aqueles que me conheceram depois de *O Deus das pequenas coisas*. Na verdade, antes dele eu já escrevia artigos políticos. Publiquei uma série de artigos denominados "The Great Indian Rape Trick" [O grande truque do estupro indiano] sobre uma mulher chamada Phoolan Devi, e o modo pelo qual o filme *Rainha Bandida* a explorou, e se alguém deveria ter, ou não, o direito de reencenar o estupro de uma mulher sem seu consentimento. Estou envolvida com estas questões há um bom tempo.

Não vejo muita diferença entre *O Deus das pequenas coisas* e minhas obras de não-ficção. Como sempre digo, ficção é verdade. Para mim, é a coisa mais verdadeira que existe. Agora, empenho-me para eliminar essa distinção. O escritor é o parteiro da compreensão. É muito importante que eu conte a política como uma história, para torná-la real, para estabelecer um vínculo entre um homem, seu filho e que fruta ele comia na vila em que morava antes de ser expulso, e como isso se relaciona ao sr. Wolfensohn no Banco Mundial. É isso que quero fazer. *O Deus das pequenas coisas* é um livro no qual as minúsculas coisas conectam-se com as maiores: seja o vestígio que um filhote de aranha deixa na superfície da água, seja a qualidade do luar sobre o rio, seja a intromissão da história e da política em nossa vida, em nossa casa, em nosso quarto.

Estha, um dos personagens principais de seu livro, está caminhando "ao longo das margens do rio que cheirava a fezes e a pesticidas comprados com os empréstimos do Banco Mundial", cujo esquema para o vale do rio Narmada previa a construção de três mil represas. O banco acabou se retirando do projeto, que, posteriormente, o governo da Índia assumiu. Conte-me sobre a Narmada Bachao Andolan, NBA.

Quando conheci o pessoal da NBA, disseram-me: "Quando lemos *O Deus das pequenas coisas*, sabíamos que você seria contra as represas e contra o Banco Mundial." Uma coisa notável sobre a NBA é que ela é uma seção transversal da Índia, uma coalizão de *adivasis* [os nativos da Índia], com grandes fazendeiros da casta superior, os *dalits* [antes conhecidos como intocáveis] e com a classe média. É uma forja de vínculos entre o urbano e o rural, os fazendeiros e os pescadores, os escritores e os pintores. É isso que dá à organização essa força fenomenal, e é por isso que muita gente, na Índia, a critica, dizendo: "Esses manifestantes de classe média!" Isso me deixa furiosa. Foram os engenheiros urbanistas de classe média que propuseram esse projeto! Não se pode esperar que a crítica seja apenas aos *adivasis*. Assim, nós os isolamos, e fica mais simples esmagá-los. Em muitos aspectos, as pessoas tentam deslegitimar o envolvimento da classe média, questionando: "Como você pode falar em nome desses indivíduos?" Ninguém fala em nome de ninguém. A questão é que a NBA é um exemplo fantástico de pessoas dando as mãos a despeito de castas e de classes. É o maior, o melhor e o mais magnífico movimento de resistência desde a luta pela independência.

Uma manifestação na qual você se envolveu no ano passado aconteceu em uma vila às margens do Narmada, no local de uma das represas propostas. Você estava entre os muitos que foram presos. Como foi?

Foi fantástico. Eu estava em uma vila chamada Sulgaon. A noite toda, de todo o vale, as pessoas chegavam, de trator, de carro e a pé. Por volta das três da manhã, éramos cerca de cinco mil. Começamos a caminhar no escuro até o local da represa. A polícia já sabia que o espaço seria ocupado, mas não sabia de onde as pessoas viriam. Há uma área enorme de devastação ali. Assim, caminhamos no escuro. Foi maravilhoso. Cinco mil pessoas, a maioria moradora do lugarejo, mas também gente das cidades — advogados, arquitetos, jornalistas — caminhando por aquelas estradas secundárias e atravessando riachos em silêncio absoluto. Ninguém acendeu um *bidi** nem tossiu nem pigarreou. De vez em quando, um grupo inteiro de mulheres

---

* Cigarro barato da indústria local. (N. do E.)

sentava-se, urinava e depois continuava caminhando. Por fim, ao amanhecer, chegamos e ocupamos o lugar da represa. Durante horas, a polícia nos cercou. Depois, houve um ataque de cassetetes. Prenderam milhares de pessoas, inclusive eu. As prisões ficaram lotadas.

Você diz que o governo da Índia "não tem escrúpulos para completar o projeto". O que o motiva?

Muitas coisas. Primeiro, é preciso entender que o mito de grandes represas nos é vendido em cada livro escolar desde quando tínhamos três anos de idade. Nehru disse: "As represas são os templos da Índia moderna." Assim, elas são como enormes bandeiras nacionais molhadas. Antes da NBA, o que se ouvia era que a represa nos serviria o desjejum na cama, faria o casamento de nossa filha e curaria nossa icterícia. As pessoas têm de entender que essas construções são apenas monumentos à corrupção política e originam-se de instituições políticas não-democráticas. Para elas, basta monopolizar os recursos naturais, roubá-los do povo e, depois, decidir quem os receberá.

A primeira represa a ser construída no Narmada foi a Bargi, finalizada em 1990. Disseram que setenta mil pessoas ficariam desabrigadas e 101 vilarejos seriam submersos. Um dia, sem avisar, o governo encheu a represa: 114.000 pessoas ficaram desabrigadas, e 162 aldeias submersas. Os moradores foram forçados a sair de casa quando as águas subiram. Tudo o que puderam fazer foi subir o morro correndo com o gado e com os filhos. Dez anos depois, aquela represa irriga 5% da terra que disseram que ela irrigaria, uma área menor do que a que foi submersa. Não construíram canais porque, para construtoras e para políticos, apenas a construção da represa em si representa muito dinheiro.

O que acontece aos desabrigados?

Ninguém sabe. Quando eu escrevia *The Greater Common Good*, o que me surpreendeu mais do que os números existentes foram os números inexistentes. O governo indiano não tem nenhuma estimativa de quantas pessoas foram desalojadas pelas grandes represas. Acho que não é apenas uma falha do Estado, mas também da comunidade intelectual. A razão da inexistência desses números é, mais uma vez, o fato de a maioria dos desabrigados ser formada pelos insignificantes — os *adivasis* e os *dalits*. Fiz a avaliação de um estudo de 54 represas realizado pelo Instituto Indiano de Administração Pública. De acordo com esse estudo, apenas os desalojados em conseqüência da construção da represa, que pertencem a um dos vários tipos de desabrigado, chegam em média a 44.000 por represa. Suponhamos que essas 54 represas sejam as maiores entre as grandes. Vamos dividir essa média em quatro partes. Sabemos que, nos últimos cinqüenta anos, construíram 3.600 grandes represas na Índia. Sendo assim, uma mera avaliação por alto aponta 33 milhões de desalojados. Todos migram para as cidades. E lá, novamente, não são considerados cidadãos, vivem em favelas. Estão sujeitos à expulsão a qualquer momento, se as donas de casa das áreas abastadas de Nova Deli decidirem que todos esses favelados são perigosos.

Você comparou esse deslocamento com a remoção de lixo.

É exatamente igual. O governo indiano conseguiu revirar de ponta-cabeça o conceito de não-violência, de resistência e de governança não-violentas. Ao contrário, digamos, da China, da Turquia ou da Indonésia, a Índia não mata seu povo indiscriminadamente. Ela não mata aqueles que se recusam a mudar. Apenas espera, continua a fazer o que tem de ser feito e ignora as conseqüências. Por causa do sistema de castas, do fato de não haver vínculo social entre aqueles que tomam as decisões e aqueles que sofrem com elas, o governo, simplesmente, prossegue e faz o que quer. Além disso, as pessoas supõem que esse é seu destino, seu carma, o que estava escrito. É uma forma bem eficaz de agir. Portanto, a Índia tem excelente reputação no mundo como democracia, um governo que se preocupa, que tem problemas demais para resolver, ainda que, na verdade, seja ele o próprio criador deles.

Mas ao referir-se à sua política, você diz que "não é uma fanática contrária ao desenvolvimento nem proselitista da defesa eterna dos costumes e das tradições".

Como eu poderia ser? Como mulher que cresceu em um vilarejo na Índia, passei a vida toda combatendo as tradições. Eu jamais quero ser uma dona de casa indiana tradicional. Portanto, não falo de ser contra o desenvolvimento. Refiro-me à política do desenvolvimento, à forma de romper esse processo de tomada de decisão completamente centralizado e antidemocrático. Como se pode garantir que seja descentralizado e que as pessoas tenham poder sobre a própria vida e os recursos naturais? Hoje, o governo indiano tenta apresentar a privatização como a alternativa para o Estado, para as empresas públicas. Mas a privatização é apenas um desenvolvimento do Estado centralizado, na qual diz que tem o direito de conceder toda a produção de energia de Maharashtra à Enron, mas não o tem. A infra-estrutura do setor público, na Índia, foi construída, nos últimos cinqüenta anos, com dinheiro público. Por isso, o Estado não tem o direito de vendê-la à Enron, não pode fazê-lo. Três quartos de nosso país vivem à margem da economia de mercado e não se pode dizer a eles que apenas quem paga pela água pode tê-la.

Mesmo assim, percebo um certo otimismo de sua parte sobre o que você chama de "anarquia inerente" da Índia para resistir à maré da globalização.

A única coisa que vale a pena globalizar é o desacordo, mas não sei se devo ser otimista ou não. Quando estou fora das cidades, sinto-me otimista. Há uma certa grandeza na Índia e tanta beleza. Não sei se podem matá-la. Prefiro pensar que não. Não acho que exista algo tão belo quanto um sári. É possível matá-lo? transformá-lo em empresa? Por que as multinacionais deveriam ter permissão de vir aqui e tentar patentear o arroz *basmati*? A população prefere comer *roti*, *idlis* e *dosas* a hambúrgueres do McDonald. Pouco antes de eu vir aos Estados Unidos, fui a um mercado em Deli. Havia um prato inteiro de diversos tipos de *dal* — lentilhas. Meus olhos encheram-se de lágrimas. Hoje, basta isso para nos fazer chorar, olhar todos os tipos de lentilha e de arroz que existem e pensar que não querem que existam.

Fale sobre o material que você analisou em The End of Imagination, *referente aos testes nucleares no subcontinente.*

O nacionalismo no ar é assustador. Estou aterrorizada. Ele pode ser usado para fazer qualquer coisa. Sei que um mundo no qual os países estocam armas nucleares e as usam da forma como a Índia, o Paquistão e a América o fazem, para oprimir os outros e enganar seu próprio povo, é um mundo perigoso. Os testes nucleares foram um modo de aumentar nossa baixa auto-estima. A Índia ainda se ressente de um insulto cultural, ainda está à procura de sua identidade. Meu artigo é sobre tudo isso.

Você disse que os jovens hindus que aplaudiam e comemoravam os testes nucleares eram os mesmos que vibraram com a destruição da mesquita Babri.

Hoje, os intelectuais indianos sentem-se radicais ao condenar o fundamentalismo, mas poucos comentam os vínculos entre ele, a privatização e a globalização. A globalização se ajusta perfeitamente à elite indiana. O fundamentalismo, não. Além disso, ele é um problema de classe. Quando impedem a produção de um filme ou queimam um livro, não é que estejam apenas dizendo que isso é contra a cultura indiana. Dizem também que os ocidentalizados, os anglófonos e a elite estão se divertindo demais. É um fenômeno que acho interessantíssimo e que tem de ser abordado em conjunto, não de modo isolado. A direita religiosa está diretamente vinculada à globalização e à privatização. Quando a Índia fala em vender todo o seu setor de energia às multinacionais estrangeiras, quando o clima político esquenta muito e fica desconfortável, o governo logo começa a dizer: deveríamos construir um templo hindu no local da mesquita Babri? Todos saem correndo naquela direção. É um jogo, temos de entender. Com uma das mãos, vende-se o país às multinacionais do Ocidente; com a outra, deseja-se defender as fronteiras com bombas nucleares. Que ironia! Diz-se que o mundo é uma aldeia global, mas, depois, gastam-se milhões de rupias na construção de armas nucleares.

Você usa uma metáfora de dois comboios de caminhões. Um é enorme, com muita gente desaparecendo na escuridão. O outro é muito menor e vai em direção à luz da terra prometida. Explique o que quer dizer com isso.

A Índia vive concomitantemente em séculos distintos. Toda noite, do lado de fora de minha casa, passo por um grupo de trabalhadores desnutridos, cavando uma vala para colocar cabos de fibra ótica que vão acelerar a revolução digital. Trabalham à luz de velas. É isso que acontece na Índia hoje. O comboio que se funde na escuridão e desaparece não tem voz. Não existe na TV. Não tem um lugar nos jornais do país. Por isso, não existe. Os que estão no comboio menor, a caminho de um destino brilhante no topo do mundo, perderam completamente a capacidade de ver o outro. Assim, em Deli, os carros ficam cada vez maiores e mais brilhantes; os hotéis, mais sofisticados; os portões, mais altos, e os guardas não são mais os antigos *chowkidars* — os vigias —, mas sim homens armados. Porém, os pobres estão comprimidos em cada fenda da cidade, como piolhos. Ninguém mais vê isso. É como se focalizássemos uma luz muito forte em determinado lugar — a escuridão aprofunda-se ao redor. Não querem saber o que acontece. Os que enriquecem não podem imaginar que o mundo não é um bom lugar.

Você tomou uma decisão ou a tomaram para você, de identificar-se com ou fazer parte do comboio maior.

Não posso fazer parte do comboio maior, porque isso não é um problema de escolha. O fato de eu ter instrução significa que não posso estar naquele comboio. Não quero participar dele nem ser vítima, nem desaparecer na escuridão. Sou artista e escritora e penso que sempre nos colocamos na situação para ver onde nos encaixamos. Saí de casa aos 16 anos e vivi em lugares onde seria facílimo para mim ter pendido para o outro lado. Poderia fazer parte do comboio maior, porque era mulher e estava sozinha. Na Índia, isso não é uma piada. Poderia ter acabado muito, muito mal. Tive sorte.

Acho que meus olhos se abriram para nunca mais se fechar. Às vezes, gostaria de fechá-los, de desviar o olhar. Nem sempre quero fazer o trabalho que faço. Não quero ser perseguida por ele. Por ser quem sou e pelo lugar que, agora, ocupo na Índia, minha participação é requisitada o tempo todo. É exaustivo e dificílimo ter de dizer: "Veja, sou apenas uma. Não posso fazer tudo." Sei que não quero me exaurir a ponto de perder o senso de humor. Mas, depois que vemos certas coisas, não podemos deixar de vê-las, e não ver nada é um ato tão político quanto ver alguma coisa.

Você pensa em escrever novas obras de ficção?

Preciso de ficção da mesma forma que preciso de comida ou de exercício físico, mas, neste momento, é muito difícil. Não sei como administrar minha vida. Não sei se serei capaz de abrir espaço para dizer: "Agora estou escrevendo um livro e não poderei fazer x nem y." Eu adoraria.

Você se sente responsável em relação a essas vozes silenciosas que clamam por você.

Não. Não sinto responsabilidade, porque essa é uma palavra muito chata.

Você está em uma posição privilegiada. É uma celebridade dentro e fora da Índia.

Mas, de modo geral, nunca faço algo por ser uma celebridade. Faço o que faço como cidadã. Permaneço fiel e sigo o que escrevo. É muito fácil começar a acreditar na publicidade em torno de minha pessoa, seja ela positiva, seja negativa. Ela pode nos dar uma idéia absurda de nós mesmos. Sei que há um equilíbrio tênue entre aceitar sua própria força com graça e usá-la erroneamente. E não quero que me vejam como representante daqueles que não têm direito de expressar sua opinião. Tenho medo.

Mas um dos motivos pelos quais algumas pessoas ficam tão furiosas comigo é porque, agora, tenho o espaço que muitos, mesmo pensando como eu, não têm. Talvez, para muitos, tenha sido um erro abrir o coração para *O Deus das pequenas coisas*. Porque muitas represas e bombas acabaram passando despercebidas junto com ele.

Angela Davis
Fevereiro 2001

Se você chegou a uma certa idade, o nome Angela Davis está gravado em sua memória. Feche os olhos e verá sua cabeleira afro e o punho fechado e erguido. Mas a Angela Davis de outrora, e a educadora, estudiosa e ativista de hoje são bem diferentes. Ao contrário de alguns de seus companheiros da década de 1960, que transitam na nostalgia, Davis mantém-se atualizada. Seu trabalho pioneiro sobre o complexo industrial de prisões ajudou a colocar essa questão em destaque.

Davis nasceu e cresceu em Birmingham, Alabama. "Ainda que Birmingham fosse inteiramente segregada, aprendi a não assumir que aquela era a forma como as coisas deveriam ser", ela recorda. "Lembro-me de meus pais dizendo: 'Talvez a situação agora seja esta, mas não será assim para sempre.' Desde muito cedo, consegui não me sentir aprisionada."

Formou-se com louvor na Universidade Brandeis, em 1965, e fez seus estudos de pós-graduação no Instituto Goethe, em Frankfurt, e na Universidade da Califórnia, em San Diego, onde concluiu o mestrado em 1968. Um ano depois, foi demitida do cargo de professora-assistente de filosofia na UCLA pelo Governador Ronald Reagan por suas atividades políticas no Partido Comunista e no Partido dos Panteras Negras (Black Panther Party). Em 1970, depois de um tiroteio em um tribunal em

Marin County, Califórnia, Davis, que nem mesmo estava na região na época, entrou para a lista dos dez mais procurados pelo FBI. Depois de algum tempo na condição de fugitiva, foi capturada e presa, acusada de conspiração, de seqüestro e de assassinato. O julgamento, que alcançou publicidade internacional, resultou em sua absolvição em 1972.

Professora na Universidade da Califórnia, em Santa Cruz, é autora de *Women, Race, and Class* (Random House, 1981) e *Women, Culture, and Politics* (Random House, 1989). Seu livro mais recente é *Blues Legacies and Black Feminism* (Pantheon, 1998). Está concluindo uma coletânea de artigos sobre o complexo industrial de prisões denominada *Dispossessions and Punishment*.

Uma coisa é ler a obra de Davis, e outra, bem diferente, é ouvi-la falar. Sua voz é um instrumento musical. Conheço pouquíssimos oradores que pausam e silenciam com tanta eficácia. Mede as palavras como um compositor cria uma melodia, lota auditórios em todo o mundo e é uma oradora tão solicitada, que, provavelmente, poderia proferir palestras toda noite, o ano todo. Porém, é tímida e humilde, não ostenta sua celebridade, nem menospreza seu público. É igual à clássica melodia de Thelonious Monk, "Straight, No Chaser" [Puro, sem mistura].

Acho justo dizer que você tem uma condição quase icônica, associada, como você, a uma época legendária, quando a mudança revolucionária parecia possível. Como é ser Angela Davis?

Não penso muito sobre isso. Sem dúvida, percebo que as pessoas me associam com outra época. Tenho a impressão de que, quando se aproximam de mim e dizem, por exemplo, "Sou dos anos sessenta", costumam me usar como uma forma de recordar a própria juventude. Tudo bem, mas essa não sou eu exatamente, e, de certa forma, isso acaba sendo irritante. Nesses anos todos, tentei crescer e me desenvolver. Não sou a mesma do início da década de 1970, quando muita gente passou a conhecer meu nome. O ímpeto dos movimentos sociais radicais sempre veio dos jovens. Não quero me apresentar como a veterana que sabe todas as respostas, como alguns da minha geração.

Você concorreu duas vezes à vice-presidência pelo Partido Comunista na década de 1980. Será que entendi bem quando, recentemente, você disse que agora fazia parte do Partido Verde?

Sou inscrita no Partido Verde. Nunca me inscrevi em nenhum dos outros grandes partidos. Fui inscrita no Partido Comunista e, agora, estou no Partido Verde e acredito que a política independente é absolutamente necessária. Ela nos dá o único voto para conquistas significativas na arena eleitoral.

W. E. B. DuBois, em seu clássico, The Souls of Black Folk, *escreveu: "O problema do século XX é o problema da barreira racial." Onde ela está hoje?*

A barreira racial que DuBois mencionou não é tão evidente hoje como naquela época. Os processos raciais agora são muito mais complicados. A classe é uma categoria importante a se considerar, porque faz interseção com a raça e com o sexo. A proeminência das classes médias negras, hoje em dia, combinada à erradicação putativa do racismo dentro da esfera legal, significa que temos de pensar de modo muito mais complexo sobre as estruturas do racismo e sobre o modo como continuam a formar a sociedade americana. Precisamos desenvolver uma análise que incorpore também gênero, classe e sexualidade.

Muitos acadêmicos escrevem sobre o sistema judiciário criminal, e você ficou presa 16 meses, a maioria deles na solitária. Como isso influenciou seu trabalho?

Certamente, o fato de eu ter sido presa inspirou-me a fazer um trabalho ativista e acadêmico em torno de questões carcerárias. Mas qualquer que seja o trabalho que os progressistas façam hoje, têm a obrigação de descobrir alguma maneira de relacionar seus conhecimentos, seu ativismo, à campanha contra o complexo industrial de prisões. Contudo, não se deve subestimar a importância de envolver aqueles com experiência direta no sistema penitenciário. Na verdade, quando se analisa a campanha contra a pena de morte, certamente, pode-se argumentar que Mumia Abu-Jamal é um de seus defensores mais fortes e eloquentes. Três anos atrás, quando organizamos a conferência "Resistência Crítica: além do complexo industrial de prisões", tentamos atrair ex-prisioneiros e pessoas que, na época, estavam na prisão.

Minha abordagem para o estudo de prisões e também do ativismo penitenciário baseia-se no abolicionismo carcerário. Ou seja, eu, ao lado de muitos outros, acredito que devemos buscar formas de minimizar o uso do encarceramento. Portanto, quando falo sobre um presídio que parece mais preocupado com o aspecto humano dos detentos, isso se dá no contexto de uma estratégia abolicionista.

A atual população penitenciária é oito vezes maior do que em 1970. Mais de dois milhões de pessoas estão detrás das grades — *70% de cor, 50% de afro-americanos, 17% de latinos. E os nativos americanos têm o maior índice* per capita *de encarceramento.*

O papel da raça na criação de matéria-prima para a indústria penitenciária é inegável. Embora você tenha mencionado as estatísticas relacionadas aos presídios nos EUA, pode-se também aplicá-las aos presídios na Europa e na Austrália. Em geral, encontra-se um número desproporcional de pessoas de cor ou de imigrantes encarceradas. Recentemente, visitei um presídio em Estocolmo e descobri que grande parte dos presos compunha-se de refugiados da Turquia e da Iugoslávia, bem como gente da África e da América Latina. Na Holanda, vê-se um grande número de pessoas de descendência africana, do Caribe e da Indonésia, antiga colônia holandesa. Na Austrália, ainda que os aborígines constituam de um a 2% da população, chegam a vinte ou a 30% nos presídios. Portanto, a racialização nas populações penitenciárias não é apenas uma característica do sistema americano.

Infelizmente, na era da globalização, o modelo penitenciário americano é exportado para vários países. Quando visitei a Austrália, um ano e meio atrás, constatei que o Corrections Corporation of America, cuja sede é em Nashville, Tennessee, possui e opera o maior presídio feminino australiano, que fica nos arredores de Melbourne. Não é apenas a tendência de encarcerar números cada vez maiores de pessoas que se pode ver em países europeus e na Austrália, mas vê-se também a exportação de presídios de segurança máxima, que já existem na Holanda, na África do Sul e até mesmo na Suécia. A unidade de segurança interna, uma formação repressiva com origem nos EUA, invadiu os presídios estrangeiros, também. Estamos falando de países como a Holanda, que, por muito tempo, tentou usar estratégias de libertação. Agora, sob o impacto da guerra ao narcotráfico e as formas exclusivamente norte-americanas de abordar a questão das drogas, vêem-se números ainda maiores de pessoas sendo presas e, portanto, o abandono da estratégia histórica de acabar com o encarceramento.

Você também visitou presídios em Cuba. Como eles são?

Em Cuba, ao menos no presídio feminino que visitei, as mulheres — ao contrário daquelas nos EUA e em outros países — não se sentiam desvinculadas da sociedade como um todo. Era óbvio o empenho em seguir de perto as regras mínimas padronizadas pela ONU para o tratamento de prisioneiros. Talvez o aspecto mais impressionante do sistema foi o fato de os encarcerados terem permissão de continuar a trabalhar em sua área de atuação se o crime cometido não se relacionasse à profissão. Conversei com uma veterinária, por exemplo, e ela continuava a atuar em sua profissão na prisão. Falei com uma médica e ela continuava praticando a medicina no presídio em que estava detida. Isso é interessante, porque inverte as hierarquias de prisioneiros e de guardas. Como médica, era responsável pelas enfermeiras civis, por exemplo, e não era tratada como prisioneira ou como ser inferior, mas sim como médica. Além disso, as pessoas que trabalham — e, praticamente, todos os presidiários trabalham — recebem os mesmos salários que receberiam se estivessem no mesmo emprego fora da prisão. É uma diferença surpreendente em relação aos EUA, onde os detentos podem receber até dez centavos por hora. Tenho a impressão de que o movimento sindical neste país poderia aprender muito se analisasse a integração de prisioneiros cubanos nos sindicatos, em vez de separá-los como trabalhadores inferiores.

Quando você usa a expressão "abolição penitenciária", como as pessoas reagem?

Um número cada vez maior de pessoas está disposto a pensar, seriamente, na importância de reduzir o papel da punição na sociedade. A vasta expansão do sistema penitenciário, que aconteceu sem qualquer protesto significativo, atingiu proporções críticas. Mas, ao mesmo tempo, nos últimos cinco anos, as intervenções de ativistas foram importantes para encorajar a população a pensar de outra forma sobre o sistema carcerário, sobretudo no uso do termo "complexo industrial de prisões" como exemplo de um novo vocabulário que permite o pensamento crítico e não a resposta de acordo com as próprias reações emocionais.

Você seria a favor de estratégias graduais de reforma penitenciária?

Reforma é uma questão difícil. Certamente, é importante pensar nos tipos de reforma que ajudarão aqueles que têm a infelicidade de viver atrás dos muros de uma prisão. Mas, ao mesmo tempo, se observarmos a história, é óbvio que as reformas tiveram papel fundamental para fortalecer o sistema penitenciário.

Michael Foucault, em *Vigiar e punir*, lembra que, desde a origem da prisão, a reforma teve papel crucial. Na verdade, o encarceramento, como forma de punição, foi uma reforma para substituir o castigo corporal e capital. Durante a década de 1970, o próprio movimento penitenciário que emergiu em torno da rebelião em Attica e os vários outros levantes em presídios por todo o país deram origem ao que muitos de nós considerávamos ser uma reforma significativa, por exemplo, a abolição da pena indeterminada. Contudo, precisamos considerar o fato de que as penas tornaram-se muito mais longas e que inovações como a pena justa e o aumento da pena para aqueles que cometem delitos pela terceira vez (reincidentes) baseiam-se, precisamente, nesta reforma de práticas penais. Tudo isso para dizer que precisamos ser muito cautelosos ao apoiar essas reformas que podem acabar criando um sistema penitenciário mais poderoso. Sugiro avaliarmos as reformas que propomos em relação ao potencial que elas têm de deixá-lo menos poderoso.

Deixe-me dar outro exemplo dos perigos potenciais de certos tipos de reformas. No momento, há um movimento impressionante contra a pena de morte. Muitos dizem agora que ela deveria ser abolida até que seja possível garantir que não há um único inocente no corredor da morte. Com a nova tecnologia de DNA, a inocência é demonstrada cientificamente. Penso que isso é problemático, porque, ao provarmos a inocência por meio do DNA, há também a demonstração concomitante de culpa. Assim, o que parece ser um movimento progressista pode, na verdade, dificultar ainda mais a abolição da pena de morte como forma de punição.

Um outro problema no movimento da pena de morte na forma em que se encontra hoje é que existe uma tendência de se argumentar que a prisão perpétua deveria ser oferecida como alternativa para a punição capital. O perigo de vermos a prisão perpétua como a alternativa é, exatamente, o fato de ela ser legitimada não apenas para indivíduos que, de outra forma, receberiam a pena de morte, mas também para toda uma classe de indivíduos muito além daqueles que poderiam ser submetidos à pena de morte.

De acordo com um relatório do Human Rights Watch e Sentencing Project, 2% de todos os americanos perderam o direito de voto por causa da condenação por crimes dolosos.

É importante destacar que estamos falando não apenas de indivíduos, atualmente, encarcerados e que perderam o direito de votar. Em muitos estados, ex-detentos também perdem seus direitos políticos. No estado do Alabama, um terço de todos os negros, segundo aquele relatório do *Human Rights Watch e Sentencing Project*, perdeu permanentemente o direito de voto e não poderá exercê-lo, a menos que receba indulto do governador.

Grande parte de seu trabalho concentra-se em detentas.

Muitos ativistas e acadêmicos, até mesmo eu, sugerem que pensemos sobre outras formas de punir mulheres, isso em conjunto com o aparato de punição do Estado. E vemos que, historicamente, elas eram punidas em instituições para tratamento mental, dentro da estrutura familiar patriarcal ou dentro de relacionamentos íntimos. Há uma ligação entre violência contra as mulheres na esfera doméstica e a punição delas pelo Estado. Os recentes relatórios de organizações de direitos humanos, como, por exemplo, Human Rights Watch e um relatório da United Nations Special Rapporteur on Violence Against Women demonstram que a violência sexual é bastante disseminada nos presídios americanos. Algumas detentas destacam que o encarceramento tem estrutura similar à de um relacionamento violento. Enfatizo isso porque o movimento atual contra a violência contra a mulher, que se tornou altamente profissionalizado, poderia beneficiar-se de um esforço para engajar a política do encarceramento a ele. E, ao mesmo tempo, o movimento contra o complexo industrial de prisões precisa integrar uma análise do sexo.

Em outubro, houve uma audiência estadual em Chowchilla, onde se situam dois dos maiores presídios femininos da Califórnia. Uma pessoa depôs que o atendimento médico lá era "algo que os Três Patetas faziam no Saturday Night Live. Nódulos na mama e tumores vaginais ficavam sem tratamento durante meses. Doenças curáveis tornavam-se terminais." E a questão da saúde das detentas?

A questão da saúde revela como os presídios americanos violam, sistematicamente, os direitos humanos da mulher. O presídio em Chowchilla é o maior presídio feminino do mundo, e organizações como o grupo Legal Services for Prisoners with Children, em São Francisco, revelaram inúmeras violações contra a saúde. Sei de um determinado caso de uma mulher no presídio Central California Women's Facility, do outro lado da rua, que foi diagnosticada com um tumor no cérebro pouco depois de ser detida em fevereiro passado. Mas, porque não havia neurocirurgião no hospital local, o Madera Community Hospital, ela teve de ser levada a um hospital em outra cidade, em Fresno. Contudo, nas duas vezes em que foi transferida para esse hospital, o presídio não transferiu seu prontuário, sendo as consultas canceladas, e ela retornou ao presídio sem a confirmação do diagnóstico. Depois de muitos meses de atraso no tratamento, o tumor estava enorme e arraigado no tronco cerebral e, por isso, não conseguiram removê-lo. É uma história de terror, apenas uma entre tantas outras.

Você lecionou na Universidade da Califórnia durante anos. A partir de meados da década de 1990, a Califórnia começou a gastar mais em presídios do que no ensino universitário. Qual o impacto que isso causou?

Por causa disso, há um sistema educacional deteriorado. O impacto da Proposição 209* significa que não se pode mais usar ação afirmativa em processos de admissão no estado da Califórnia. Por outro lado, a ação afirmativa, ao que parece, está bem viva no recrutamento de pessoal para os presídios. Na verdade, indivíduos de cor, cada vez mais, desempenham papel relevante no sistema correcional da Califórnia. Certamente, existe um programa de ação afirmativa funcionando em relação à população dos presídios. Como o Justice Policy Institute revelou, dois ou três anos atrás, no estado da Califórnia, a probabilidade de um negro ser encontrado em uma cela de presídio é cinco vezes maior do que a de ele ser encontrado em uma das universidades ou das faculdades do estado.

Em suas viagens pelo país, como você vê o ativismo estudantil hoje?

Estou impressionadíssima com os ativistas estudantis. Não os invejo. As dificuldades são muito maiores do que na década de 1960. Hoje, os riscos são muito maiores; as questões, mais complexas. Mas penso que a geração mais jovem será capaz de ir muito mais longe.

Vi o impacto que você causa, sobretudo em jovens mulheres de cor, com suas aparições públicas. Ao final de sua palestra, correm para falar com você, para tocá-la e até mesmo para abraçá-la.

---

* Emenda à Constituição do estado da Califórnia, referendada por voto popular em 1996, proibindo a discriminação por motivo de raça, de sexo, de cor, de etnia e de origem no serviço público. (N. do E.)

É verdade, isso acontece com freqüência. Tento modificar a atitude delas em relação à celebridade e, ao mesmo tempo, procuro encorajá-las a encontrarem o próprio caminho. Tento não oferecer respostas e soluções, mas levantar questões e incentivá-las a pensar de outra maneira sobre a própria vida.

Haunani-Kay Trask
Dezembro 2000

Haunani-Kay Trask é uma voz eloqüente na afirmação dos direitos naturais dos havaianos. Segundo ela, o Havaí (que também se escreve Hawai'i) é uma "colônia exótica" dos Estados Unidos. Ela luta contra a exploração sexual de mulheres nativas, contra a apropriação inadequada da cultura (os parques temáticos que apresentam musicais polinésios com dançarinas adornadas com guirlandas de flores e pavoneando-se em luaus) e contra a devastação econômica, cultural e ambiental que o turismo e a presença militar dos EUA causaram.

Trask exala *mana* (poder). É uma oradora envolvente e admirável organizadora. Ela e a irmã, Mililani, são, em grande parte, responsáveis pela publicidade da questão da soberania nativa. Agitadora por excelência, incomoda a maioria dos *haoles* (brancos) no Havaí e não se importa nem um pouco com isso.

Trask é professora no Centro de Estudos Havaianos na Universidade do Havaí. É uma das fundadoras e antiga ativista de Ka Lahui Hawai'i, a importante organização que defende a soberania havaiana.

Seu livro clássico, *From a Native Daughter* (Common Courage Press, 1993), acaba de passar por uma revisão e foi relançado pela University of Hawaii Press. Alice Walker o chama de "obra-prima" e um trabalho "tão potente que mudará a forma de pensarmos sobre o Havaí e sobre todas as terras ocupadas à força."

Além disso, ela é autora de *Light in the Crevice Never Seen* (Calyx Books, 1999), a primeira coletânea de poesias de uma nativa havaiana publicada na América do Norte. Também foi uma das produtoras do filme premiado em 1993, *Act of War: The Overthrow of the Hawai'ian Nation* [Ato de guerra: a derrubada da nação havaiana].

Conheci Trask em 1993 quando esteve na Universidade do Colorado com uma bolsa Rockefeller. Encontrei-a novamente no início deste ano, quando retornou a Boulder como oradora na abertura da Semana Internacional da Mulher.

Na introdução à sua coletânea de poesias, você reconta o seguinte incidente: uma americana sem fôlego a deteve, certo dia, em um aeroporto. Ela disse: "Oh, você é igual ao postal." Você respondeu: "Não, o postal é igual a mim." O que isso revela?

Revela como nós, havaianos, seres humanos, somos distantes da imagem que os turistas têm de nós. As pessoas, literalmente, pensam que sou um artefato daquilo que sou. Isso distorce qualquer tipo de interação humana. As pessoas nos vêem, sobretudo os turistas, como um objeto de desejo e não como outro ser humano completamente capaz. Quando se faz isso em massa, o que se tem é um povo cuja imagem inteira é a de servos, de dançarinos, de garçons e de artistas. Essa imagem cria uma lacuna quase insuportável. Sempre sinto muita raiva quando estou no Havaí. Lá, sou conhecida como uma pessoa furiosa, mas, normalmente, não o sou. Apenas acho difícil viver em uma situação na qual meu povo é constantemente explorado e comercializado.

Você escreve: "Seja lá o que for, não somos nativos felizes." O que a faria feliz?

Menos turistas. Temos mais de trinta turistas para cada nativo. Não precisamos de mais. Não os queremos. Não precisamos de mais *resorts*. A idéia de que existe algum lugar intocado — seja no Pacífico, seja no Caribe, seja em algum outro lugar no Terceiro Mundo — onde os turistas podem ir, gastar seu dinheiro e viver a fantasia de 14 dias de descanso da vida neurótica do Primeiro Mundo é falsa. Meu conselho é: se você pensa em visitar o Havaí, não venha. Fique aí mesmo onde estiver. Se vier, lembre-se de que contribui para a opressão de um povo nativo em seu país de origem.

O Havaí recebe quase sete milhões de turistas por ano. Talvez tenhamos apenas um milhão de residentes, dos quais apenas cerca de 200.000 são nativos.

Estamos inundados de campos de golfe, que usam todos os tipos de pesticidas, de inseticidas e de herbicidas. Esses campos são construídos em terras das quais os nativos foram expulsos. Em geral, fazem parte de enormes complexos turísticos onde se pode desfrutar do turismo "completo". É uma forma de poluição e de racismo ambiental.

Uma de suas irmãs trabalha no setor turístico.

Quando minha irmã caçula, Damien, tentou conseguir um emprego, o Sheraton lhe disse para se sentar em uma canoa o dia todo e tirar fotos com turistas. Depois de três dias, ela desistiu e foi vender bronzeador. Mais tarde, foi modelo. Em determinado momento, desistiu de tudo. Mas essa trajetória não é incomum para as nossas jovens. Para algumas delas, há a prostituição local em bordéis de Waikiki e nas regiões de Maui e de Kona. Há prostituição de nossa cultura, de nossas mulheres e de nossa terra.

Quatro milhões de turistas por ano vêm apenas do estado da Califórnia. Mas cada vez mais temos turistas do Japão, de Taiwan, de Hong Kong e da Austrália. O turismo destrói a fragilidade e a beleza de nosso ambiente. Os turistas sempre se queixam de que Waikiki é altamente congestionada com carros e com gente. Tem dois quilômetros quadrados de área e o trânsito é horrível. Assim, os turistas espalham-se em outras ilhas. Obviamente, apenas reproduzem as mesmas condições dentro de pouquíssimo tempo.

O turismo é a maior causa da falta de moradia. O custo de vida e os aluguéis são muito elevados para o nosso povo. Muitos californianos vêm como turistas e, depois, compram terras, constroem sua segunda casa e vivem em fabulosos condomínios fechados porque não querem ter qualquer vínculo com os nativos. Querem viver em nossa terra, mas não querem nos ver. A especulação imobiliária resultou em um tremendo aumento nos custos de moradia, cuja falta, entre nosso povo, é um problema grave. Há favelas praieiras espalhando-se em todas as ilhas. O Estado despeja seus moradores, porque a imagem é ruim para o turismo.

Você escreve sobre rodovias congestionadas, ao contrário do cartão-postal convencional de praias belas e desertas.

Não há cartões-postais das rodovias às 7h e entre 16h30 e 18h. Isso seria ruim para o turismo.

E a presença militar americana?

O Comando do Pacífico é planejado e posicionado em Pearl Harbor, subtraído de nós na década de 1880, bem antes da ocupação formal pelos EUA. A Sétima Armada, a maior da Marinha Americana, patrulha todo o Pacífico e o Atlântico até a costa da África. Sua base é em Pearl Harbor. Os submarinos nucleares também ficam lá. Exercícios de ataque praticados por países da orla do Pacífico, Japão, Canadá e Estados Unidos são planejados e executados na base. Portanto, é fundamental para o domínio militar americano tanto da Ásia quanto do Pacífico, norte e sul.

Defina sua causa.

Gostaríamos do retorno de uma parte da base territorial que a lei americana já identificou como nossa. Buscamos um status bem parecido com o da nação-dentro-de-outra-nação que as nações indígenas americanas têm. Queremos controlar tanto a economia quanto o espaço físico dessa base territorial. Criamos nosso governo no exílio em 1987, Ka Lahui Hawai'i. Minha irmã, Mililani, foi a primeira *Kia'ina* (governadora) eleita de nossa nação. Dedicamos muito tempo coletando as reivindicações que temos em áreas geográficas identificadas e as transmitimos aos governos estadual e federal. Trabalhamos com outros povos nativos para levar nossa causa ao continente, ao Congresso.

Em 1993, nosso defensor predileto, Bill Clinton, pediu desculpas ao povo havaiano pela deposição de nosso governo realizada pelos fuzileiros navais americanos. Parte do pedido de desculpa diz que os havaianos e os EUA precisam de um processo de reconciliação, no qual, agora, estamos trabalhando.

Meu povo vive no Havaí desde a época de *Papa* — Mãe Terra — e *Wkea* — Pai Céu. Como muitos outros povos nativos, acreditamos que o cosmo é uma unidade de relações familiares. Nossa cultura depende de um relacionamento cuidadoso com a terra, nosso ancestral, que nos nutriu em corpo e em espírito.

Por mais de cem gerações, cuidamos da terra. Então, em 1778, os brancos chegaram às nossas praias. Trouxeram doença, ferro e capitalismo, além da violência — a violência do primeiro contato, da peste, da morte e da expropriação.

Com a chegada dos primeiros missionários ao Havaí, em 1820, mais de metade da população, estimada em um milhão presentes em 1778, morreu devido a doenças epidêmicas estrangeiras. Vinte anos depois, novamente a população caiu para a metade. A conversão ao cristianismo ocorreu no caos do desmembramento espiritual e físico.

Em 1893, os militares americanos invadiram o Havaí, depuseram o governo e impuseram outro de maioria branca. Em 1898, fomos forçosamente anexados aos Estados Unidos à revelia. Desde então, o Havaí é um país sob ocupação.

Ocupação colonial? A maioria dos americanos vê o Havaí como um estado e como uma meca do turismo.

A maioria dos turistas que visita o Havaí não tem noção de nossa história. Esses turistas têm a percepção muito romântica e falsa de que éramos nativos dóceis que queriam que nosso arquipélago fosse tomado pelos EUA. Obviamente, a verdade é que eles, além de invadirem e de tomarem nosso país, prosseguiram Pacífico afora, no final do século XIX, para tomar Wake, Guam, as Filipinas e depois, no Caribe, Porto Rico. A tomada do Havaí é o primeiro grande avanço do imperialismo americano no estrangeiro.

Um de seus poemas intitulado "Pax Americana: Hawai'i 1848"

Estou sempre caindo
Nesse rio escuro e enorme
Repleto de línguas
Bêbadas e batizadas

Novos padres acenando
Bandeiras estrangeiras e pedaços de papiro
Atraindo os dominados
Para banqueiros famintos

Lugares sagrados trocados por moedas
E navios apodrecidos, abalados
Pelos mares envenenados

À luz esverdeada
Ganchos e galões
A chicotada em meu rosto
E estrelas brancas e pálidas
Cravadas em caixões
cheios de carne moribunda
caída de uma terra agonizante

apenas o meu grito no vento sem morada
e vozes assassinadas*

---

* I am always falling / toward that dark, swollen / river filled with tongues / drunk and baptized / new priests waving foreign / flags and parchment / calling in the conquered / to hungry bankers / sacred places gone for coin / and rotting ships / diseades through / by poisoned seas / in greenish light / hooks and stripes / the lash across my face / and pale white stars / nailed to coffins / filled with dying / flesh cast off / from a dying land / only my scream in the homeless wind / and murdered voices (N. do E.)

Esse poema é, sem dúvida, sobre a divisão de nossas terras, em 1848, pelos missionários americanos, exatamente quando as doenças dizimavam nossa população. Não há outra palavra para descrever o que aconteceu conosco a não ser dizimar. Os missionários, na verdade, festejaram. Adoraram o fato de que os havaianos estavam morrendo e diziam que isso acontecia porque éramos pecadores e primitivos. Começaram a pregar coisas estranhas para os nativos, como o pecado e a necessidade de cobrir o corpo porque esse era a origem do pecado. Propagaram a idéia de a cultura nativa ser inferior, devido ao nosso modo de plantar ou de pescar, ou em conseqüência de nossa nudez e de nossos costumes. Implantaram, nos nativos, a falta de autoconfiança que os faz sentirem-se inferiores a um sistema que, além de ser artificial, é também perigoso — genocida, a bem da verdade.

O que significa "Haunani"?

É o diminutivo de Haunaniokawekiu O Haleakala, ou seja, "a bela neve dos picos mais altos da montanha Haleakala", um vulcão na ilha de Maui. Haunani, que não é um nome raro no Havaí, significa "gelo bonito" ou "belas altitudes geladas", ou "linda neve", já que temos apenas uma palavra para todas as três definições.

Taro aparece significativamente na cosmologia havaiana. O que é?

Taro é um tubérculo comum, nativo em todo o Pacífico, com belas folhas verdes, que fica embaixo da terra. Dele fazemos *poi**, provavelmente o item mais famoso da culinária

---
* Comida havaiana à base de milho cozido e fermentado. (N. do E.)

havaiana. Pode-se cozinhar taro a vapor, em um forno de barro, que denominamos *imu*, a exemplo dos samoanos, do povo de Papua Nova Guiné e dos taitianos. Parece batata-doce. Na história de nossa criação, taro é o progenitor dos havaianos. Foi plantado no solo pela Mãe Terra, e o Pai Céu criou o povo havaiano. Essa história não difere daquelas contadas pelos índios americanos sobre a batata-doce, sobre o milho e sobre a abóbora. E nelas, a terra é nosso irmão ou irmã mais velhos, protege-nos e cuida de nós. Somos um povo da terra.

Outra palavra havaiana que se infiltrou no léxico é mana.

Ela significa força tanto no sentido espiritual quanto elétrico. Na verdade, pode-se sentir o *mana* das pessoas. No atual movimento pela soberania havaiana, dizemos que muitos de nossos líderes têm *mana*, por exemplo, minha irmã, Mililani, que fundou nossa nação e escreveu nossa constituição. É algo que podemos sentir quando estamos perto de pessoas boas. Não é diferente do que o povo sentia na presença de um Martin Luther King ou de Malcolm X, indivíduos com tremenda eletricidade pessoal. Dizia-se que nossos chefes possuíam *mana*. Hoje dizemos isso de nossos grandes líderes.

Explique o que você quer dizer quando descreve a situação havaiana nativa como "exílio em casa".

Estamos exilados em casa porque, embora tenhamos nascido no Havaí e sejamos vinculados a este lugar há séculos, não estamos em segurança. Não temos terra. Em nosso caso, as terras do Havaí são quase todas de proprietários estrangeiros, entre os quais o governo e as forças armadas americanas. Não há respeito por nosso idioma, por nossa cultura, por nosso modo de vida e por nossos costumes. Há uma intensa discriminação racial contra os havaianos. Somos um dos pouquíssimos povos ainda classificados por grau de sangue, o que é considerado racismo pela ONU. Em vários aspectos, temos o mesmo status que os índios americanos. Embora sejamos os habitantes originais da terra, somos tratados com o máximo desrespeito. É assim que vivenciamos o exílio em casa.

Em suas obras, você menciona três pessoas que a inspiraram: Malcolm X, Ngugi Wa Thiongo e Frantz Fanon.

Todos eles foram fundamentais para a evolução do meu pensamento. Li Malcolm X pela primeira vez quando freqüentei a Universidade de Chicago durante um ano. Frantz Fanon chamou minha atenção quando estive na Universidade de Wisconsin, em Madison, onde passei dez anos durante alguns dos maiores levantes estudantis contra a guerra no Vietnã.

Posteriormente, li Ngugi Wa Thiongo. *Decolonizing the Mind* [Heinemann, 1986] é, provavelmente, sua obra mais famosa. Nela, Ngugi Wa Thiongo diz que, antes de haver qualquer descolonização política, é preciso haver uma descolonização do pensamento, ou seja, a opressão conceitual e ideológica de nossa capacidade de analisarmos a própria subjugação. Fanon falou sobre isso, mas Ngugi a transformou em uma busca para a recuperação de idiomas nativos.

Um modo de descolonizar é recuperar nossas metáforas, nossas pronúncias, o idioma do lugar de onde viemos. Isso ressoa em todo o mundo colonizado.

Nosso idioma foi proibido em 1898. Cresci falando e lendo inglês, mas nunca tive oportunidade de falar e de ler minha língua materna. Em 1978, a língua havaiana voltou a ser permitida por motivos turísticos. Portanto, nós, o povo havaiano, estamos muito próximos de outros povos nativos que tentam recuperar e ensinar sua língua materna.

Seus três progenitores intelectuais são homens. Alguma mulher lhe serviu de inspiração?

Poetas como Adrienne Rich, teóricos como Rosa Luxemburg, líderes políticos como Rigoberta Menchú e mulheres maoris, das quais tiro grande força, são minha inspiração. Mas, na teoria, curiosamente, as pessoas que mais me emocionaram foram os negros, sejam eles do Caribe, da América, sejam da África. Os índios americanos também me influenciaram, sobretudo ao trabalhar com eles na prática, mais do que na teoria.

Você está ligada a ativistas em outras partes do mundo?

Embora meu principal interesse sejam os direitos nativos, o fato de eu ser uma líder para muitas mulheres, qualquer que seja sua cor ou classe, é algo que as nutre. A liderança feminina é importantíssima. Pertenço à Indigenous Women's Network, fundada por Winona LaDuke, uma anishanaabe, que concorreu à vice-presidência pelo Partido Verde. Além disso, tenho muitas amigas, mentoras e colegas na luta no Pacífico sul, sobretudo entre os maoris.

Quais são as áreas que você tem em comum com outros nativos do Pacífico sul?

Temos o Nuclear-Free and Independent Pacific Movement, agora com mais de vinte anos. O primeiro encontro de que participei foi em 1980 no Havaí. De certa forma, tivemos êxito ao levantarmos a questão dos testes nucleares. No Taiti, os testes franceses cessaram. Obviamente, os efeitos da radiação continuarão. Fez-se muito em relação às ilhas Marshall; estamos explicando ao mundo por que precisamos nos livrar de armas, de testes e de combustíveis nucleares. Trabalhamos com pessoas no Japão, onde há um grande movimento por causa dos bombardeios de Hiroshima e de Nagasaki. Estive em Saskatchewan, trabalhando com nativos. Antes de ir, eu não sabia que a maior mina de urânio do Canadá localiza-se naquela província. Assim, todos os povos nativos com os quais trabalhei têm uma história para contar sobre testes nucleares, efeitos da radiação nuclear e da exploração de urânio. É fundamental que as pessoas tentem entender onde toda essa mineração é feita. No continente norte-americano, ela é, geralmente, vinculada às terras dos nativos.

Qual é a situação de sua causa?

Estamos progredindo na luta pela soberania. Realmente, creio que conseguiremos. É uma questão de tempo e não de como conquistá-la.

Juan Gonzalez
Julho 2000

Juan Gonzalez é colunista premiado do *New York Daily News*. Natural de Ponce, Porto Rico, cresceu em um conjunto habitacional na cidade de Nova York e estudou na Columbia University, onde participou da greve estudantil em 1968.

"Quando estudei na Columbia", disse-me, "um dos maiores salões tinha o nome de um dos grandes barões do açúcar, proprietário da South Puerto Rico Sugar Company."

Membro fundador do Young Lords, grupo ativista portoriquenho, Gonzalez, posteriormente, foi presidente do National Congress for Puerto Rican Rights. Além da coluna no *Daily News*, escreve regularmente para a revista *In These Times*. E, há quatro anos, duas vezes por semana, apresenta, ao lado de Amy Goodman, o programa *Democracy Now* na rádio Pacifica.

"Juan vê o mundo através das lentes de um conhecedor do assunto e de um forasteiro", Goodman diz. "Ele traz, ao programa, uma profunda vivência nacional e internacional."

Gonzalez é autor de *Roll Down Your Window: Stories from a Forgotten America* (Verso, 1995) e *Harvest of Empire: A History of Latinos in America* (Viking, 2000).

Em *Harvest of Empire*, fiquei particularmente surpreso com uma passagem sobre sua experiência em uma escola pública em Nova York. "A maioria de nós tornou-se produto de uma filosofia escolar pública extremista", escreveu,

> imerso em instruções recebidas em inglês desde o primeiro dia na escola e, ativamente, desencorajado a preservar a língua materna. "Seu nome não é Juan", disse-me a jovem professora da primeira série, em PS 87, no East Harlem. "Neste país, é John. Posso chamá-lo de John?" Confuso e assustado, mas percebendo aquilo como uma decisão profética, timidamente, respondi que não. Mas a maioria das crianças não tinha coragem, por isso as autoridades escolares, rotineiramente, anglicizavam seus nomes. Embora eu falasse apenas espanhol antes de entrar para a pré-escola, os professores ficaram atônitos com a rapidez com que dominei o inglês. Desde então, cada vez que uma nova criança de Porto Rico entrava em uma de minhas turmas, os professores colocavam-na ao meu lado para que eu pudesse interpretar as lições. Confusos, aterrorizados e envergonhados, os novatos agarravam-se às minhas tentativas desengonçadas de decifrar as palavras estranhas da professora. Inevitavelmente, quando o ano escolar chegava ao fim, eram forçados a repetir a série, talvez mais de uma vez, tudo porque não tinham dominado a língua inglesa. Mesmo agora, quarenta anos depois, os rostos daquelas crianças ainda estão vivos em minha memória. Hoje, elas tornam os debates sobre a educação bilíngüe muito mais dolorosos e a tendência para a imersão total no inglês muito mais assustadora.

Gonzalez foi considerado um dos cem hispânicos mais influentes do país pela *Hispanic Business* e recebeu um prêmio vitalício da Hispanic Academy of Media Arts and Sciences.

Eu o encontrei em Boulder, em uma manhã ensolarada de sexta-feira, enquanto percorria o país divulgando o livro *Harvest of Empire*. Na noite anterior, Gonzalez estivera na livraria Tattered Cover, em Denver, e, assim que terminamos a entrevista, partiu para mais um evento em Breckenridge, nas Montanhas Rochosas.

※

Conte-me mais sobre os rostos daquelas crianças que ainda estão vivos em sua memória.

Nunca esqueço o medo daquelas crianças em um país onde não entendiam o que estava acontecendo na escola e, mesmo assim, de alguma forma, esforçavam-se para aprender o conteúdo. Acredito que a questão de aprender um outro idioma depende, em grande parte, da idade na qual se inicia o processo. Já que eu falava espanhol quando entrei na pré-escola, realmente, comecei a aprender inglês desde o início e consegui dominar o idioma com uma certa rapidez. Para as crianças que vêm depois de passar quatro anos na escola na República Dominicana ou na Venezuela — ou, pior, quando vêm na adolescência — o domínio de outro idioma é muito mais difícil e, psicologicamente, estressante. Além de elas aprenderem um idioma, estão também aprendendo a pensar nele.

Eu cresci na East 87th Street, em Nova York, não muito longe de onde você morava. Meus pais eram imigrantes armênios. Quando minha mãe falava comigo em armênio, na rua, diante de meus amigos, os garotos americanos, eu desejava que um buraco se abrisse no chão para eu me esconder, ficava muito envergonhado.

É a vivência clássica do imigrante, que se repete indefinidamente nos EUA. Minha mulher, que é da República Dominicana, é professora de espanhol em um colégio de Nova York. Para ela, os garotos que mais resistem a aprender espanhol são os latinos. Para eles, espanhol é negativo — segunda classe. Isso a magoa. Ela diz que tem de orientar muito mais as crianças latinas para que se interessem pelo estudo do espanhol como língua estrangeira. Mas, nos EUA, o espanhol não é língua estrangeira. A anexação dos mexicanos, ao sudoeste, e dos porto-riquenhos indicou que esses grupos não vieram para os EUA. Os EUA foram até eles e os tornaram cidadãos que falam seu idioma no território de origem.

Qual é sua opinião sobre a educação bilíngüe?

Acho que a educação bilíngüe de transição é uma boa idéia. Não creio que seja de responsabilidade das escolas públicas manter outro idioma ou outra cultura, mas penso que é responsabilidade delas oferecer educação de transição suficiente para que os alunos não fracassem em outras disciplinas. O importante é que, em regiões dos EUA — como o sul do Texas, a Califórnia ou Nova York — onde há enormes populações latinas, todos deveriam aprender espanhol — tanto a população anglófona quanto a hispânica — e abandonar os guetos monolíngües. Assim, haveria mais entendimento cultural.

Há trinta milhões de latinos nos EUA, uma população que cresce rapidamente. Quais são as implicações políticas desse fato?

Dentro de cinqüenta anos, uma em cada quatro pessoas no país será latina. Até 2100, talvez metade da população será composta por latinos. Se não se fizer alguma coisa para elevar o nível econômico da América Latina, todos continuarão vindo para cá. A implicação é que todo o tecido cultural e social dos EUA irá sofrer uma transformação.

Porém, existe uma alternativa. Ou eleva-se o nível econômico da América Latina para que mais pessoas queiram ficar em sua terra natal, ou aceita-se o fato de que os EUA, como o antigo Império Romano, sofrerão transformações internas causadas pelo próprio povo que eles conquistaram.

O que você está tentando fazer em Harvest of Empire?

Falo sobre todo o processo de americanização ou de sua falta, sofrido pelos latinos e o que acontece no âmbito social e psicológico dessa assimilação.

Você escreve: "Enquanto isso, neste país, nas escolas públicas, pouquíssimas crianças, entre as quais as porto-riquenhas, aprendem alguma coisa sobre Porto Rico, exceto sua localização geográfica e o fato de que 'pertence' aos EUA."

A falta de conhecimentos básicos que a maioria dos americanos tem sobre Porto Rico sempre me deixa perplexo. Até o ponto de questionarem se os porto-riquenhos são estrangeiros ou americanos. Recentemente, fiz uma palestra no Texas e perguntaram-me se os porto-riquenhos precisavam de passaporte para entrar nos EUA. Os porto-riquenhos, sem pedirem, tornaram-se cidadãos americanos por meio de uma declaração do Congresso em 1917, chamada Jones Act. Na verdade, a House of Delegates de Porto Rico, única representação porto-riquenha eleita na época, foi unânime em rejeitar a cidadania e disse ao Congresso que não a queria. Porém, o Congresso a impôs mesmo assim. Desde então, os porto-riquenhos entram e saem dos EUA sem passaporte, como se estivessem viajando de um estado a outro da União.

Você diz que os porto-riquenhos "estão em uma posição distinta dos italianos, dos suecos ou dos poloneses. Nossa terra natal é invadida e permanentemente ocupada, seus patriotas perseguidos e aprisionados pelo mesmo país para onde nós migramos".

Recentemente, houve uma audiência no Congresso sobre Porto Rico. Louis Freeh, chefe do FBI, pediu desculpas ao congressista [José] Serrano, democrata de Nova York, pelo papel que a agência teve em suas notórias atividades COINTELPRO [programa de contra-espionagem], as quais reprimiram o movimento de independência de Porto Rico ao criar divisões e perturbações.

Tecnicamente, a ilha é uma comunidade política autônoma, com governo próprio. O que isso significa?

Uma *commonwealth* é uma expressão sofisticada que, em nada, lembra as implicações da comunidade britânica — *British Commonwealth*. Os diversos países — antigas colônias da Grã-Bretanha — que fazem parte da *British Commonwealth* têm soberania nacional distinta, representação em organismos internacionais e existência independente. Com Porto Rico é diferente. Os porto-riquenhos podem votar para autoridades no governo local, mas esse é subserviente às leis votadas no Congresso e precisa cumpri-las. Sempre que o Congresso desejar alterar uma lei porto-riquenha, tem o direito de fazê-lo.

Sempre que o Congresso desejar ignorar uma lei porto-riquenha, tem o direito de fazê-lo. Atualmente, há uma luta ferrenha porque a constituição porto-riquenha aboliu a pena de morte, mas uma lei federal a reinstituiu. Isso vai diretamente de encontro à constituição porto-riquenha. Em todas essas áreas conflitantes, a lei federal prevalece sobre a porto-riquenha. É assim que Porto Rico continua sob o controle do Congresso.

A cidadania dos porto-riquenhos não é de nascimento; é um construto legal. O Congresso a concedeu e se, no futuro, decidir que todos aqueles nascidos em Porto Rico a partir de 2001 não são mais cidadãos dos EUA, poderá fazê-lo. Nasci em Ponce, Porto Rico. Sou cidadão americano, mas nem eu, nem alguém nascido em Porto Rico, poderia ser eleito Presidente porque a Constituição exige que o indivíduo tenha nascido nos EUA para isso. Por um lado, existe uma cidadania. Por outro, ela é de segunda categoria. Os porto-riquenhos não votam para Presidente. Não elegem qualquer membro com direito de voto para o Senado ou para o Congresso.

Interessou-me o fato de você citar Wretched of the Earth *de Frantz Fanon, que fala sobre a internalização de idéias coloniais.*

Acho que a situação porto-riquenha é a que mais se aproxima do que Fanon descreve. Isso se estende não apenas ao idioma, mas também a todas as coisas que o usam como correia de transmissão: as lembranças históricas das pessoas e a idéia que fazem de si mesmas. Fanon escreveu:

O colonialismo não se satisfaz apenas em manter um povo sob suas garras e esvaziar o cérebro dos nativos de toda forma e conteúdo. Por meio de uma lógica pervertida, ele se volta para o passado dos oprimidos e o distorce, o desfigura e o destrói...

O efeito que o colonialismo busca, conscientemente, [é] colocar na cabeça dos nativos a idéia de que, se os colonizadores partirem, eles logo voltarão ao barbarismo, à degradação e à bestialidade.

Essa idéia de efeito psicológico do colonialismo — que muitos anos atrás, quando eu estava no Young Lords, costumávamos chamar de "mentalidade colonial" — existe entre os porto-riquenhos. Muitos deles, por exemplo, nas décadas de 1950 e de 1960, diziam que, se Porto Rico se tornasse um país independente, seu povo morreria de fome, pois não seria capaz de sobreviver sem os Estados Unidos. De onde veio esse conceito? Dos EUA, daqueles que governaram a colônia porto-riquenha no início da década de 1900. Nos primeiros cinqüenta anos do século, os porto-riquenhos nem mesmo tinham governadores. Havia governadores americanos escolhidos pelo Presidente que governavam a colônia. Todos os principais nomes do governo porto-riquenho eram americanos. Os porto-riquenhos só elegeram seu governador em 1948, ainda que esse tivesse poder limitado. Mas havia sempre essa idéia de que Porto Rico não tinha força para atuar como país independente e soberano. Não tinha os recursos nem a capacidade para funcionar.

Curiosamente, deve haver pelo menos uma dúzia de países no Caribe muito menores que Porto Rico, com população menor e com recursos mais escassos que conseguiram sobreviver muito bem como países independentes. Mas a maioria dos porto-riquenhos não acredita que a ilha possa funcionar como nação independente.

Grande parte da resistência em Porto Rico, desde a invasão dos Estados Unidos, em 1898, manifesta-se na música e na literatura. Por quê?

Porto Rico foi colônia da Espanha durante quatrocentos anos. Desde 1898, é colônia dos EUA. Portanto, há quinhentos anos a sociedade porto-riquenha é controlada ou governada por uma nação estrangeira. Isso não quer dizer que não exista uma nação porto-riquenha. Ela apenas jamais conquistou sua soberania política. Conseqüentemente, a cultura e o idioma tornaram-se os veículos por meio dos quais os porto-riquenhos expressam sua nacionalidade. A capacidade de o povo manter uma identidade cultural distinta — seja na música, seja na poesia, seja no teatro, seja nas artes — é uma parte importante da consciência nacional. É como se as pessoas compensassem, no cenário cultural, o que não têm no cenário político. Hoje, mais de um terço dos porto-riquenhos vivem fora de Porto Rico, nos EUA. Os que se mudaram para os Estados Unidos ou foram criados lá têm identidade dupla tanto como parte da vivência americana quanto da porto-riquenha. Assim, existe um conjunto de escritores, de poetas e de músicos que desenvolveram sua arte dentro dos EUA, mas ainda consideram Porto Rico a origem de sua identidade.

Qual é sua percepção do movimento de independência na ilha hoje? E será que o Congresso não relutará em integrar uma grande comunidade de língua espanhola aos EUA se Porto Rico tornar-se um estado?

Creio que Porto Rico jamais será um estado dos EUA.

Por que não?

Porque é uma nação distinta. Porto-riquenhos e americanos sabem disso. Praticamente, todo estado que passou a fazer parte da União tinha, na época, ou uma população branca majoritária de colonos, ou branca de grande pluralidade. Há cem anos, Porto Rico é território dos EUA. Depois de cem anos, o número de americanos brancos que vivem em Porto Rico nem mesmo ultrapassa três ou 4%. Por ser uma ilha, por não ser um território contíguo e porque, ao contrário do Havaí, tem uma grande população, a ilha continuou com uma população latino-americana de língua espanhola.

A admissão de Porto Rico nos EUA mudaria o caráter da nação americana de forma mais drástica do que jamais ocorreu. Todos os republicanos no Congresso entendem isso, e até muitos dos democratas. Por isso dizem: antes de se tornarem um estado, os porto-riquenhos têm que aceitar que a língua oficial seja o inglês. Porém, eles dizem: não, não queremos abrir mão de nosso idioma. Gostaríamos de ter dois idiomas igualmente oficiais.

Outra razão pela qual penso que Porto Rico não se tornará um estado é que ele é grande. Seu ingresso na União instantaneamente aumentaria a importância da polêmica do Distrito de Colúmbia. Os afro-americanos diriam: se admitem Porto Rico como estado, por que não o Distrito de Colúmbia? A última coisa que os republicanos querem é a entrada de dois estados com populações enormes, pobres, não brancas e, provavelmente, democratas. Neste momento, a população de Porto Rico é maior do que a de 24 estados na União.

Porém, como antigo defensor da independência, tenho que reconhecer certas realidades. A maior parte do povo, em Porto Rico, vota nesses referendos de concurso de beleza ou para a emancipação como estado ou comunidade política autônoma. A independência continua uma opção para quatro a 5% dos eleitores.

Então, qual é a resposta?

Conquistar uma colônia é muito mais fácil do que se livrar dela, assim como casar-se é muito mais fácil do que se divorciar. No processo de divórcio, que precisa ocorrer entre os EUA e Porto Rico, ambos os lados precisam ganhar alguma coisa. Penso que a solução real para o dilema da relação Porto Rico/EUA é algo denominado associação livre, reconhecida pela ONU como forma de descolonização. A ONU reconhece três formas de descolonização: anexação aos territórios coloniais, que é a transformação em estado; independência; e a livre associação. Essa é uma circunstância em que a nação colonial é reconhecida como estado soberano capaz de exercer relações internacionais, de negociar tratados comerciais, de fazer parte da ONU e de ser reconhecida como nação distinta. Pode-se, ainda, optar por uma associação voluntária com o antigo colonizador, resguardando a dupla cidadania do "colonizado" e mantendo uma relação contínua.

Portanto, penso que essa acabará sendo a solução que atenderá às necessidades de todos os lados. Porto Rico poderá manter seu idioma e sua cultura, ter uma relação com os EUA, continuar a usufruir da liberdade de ir e vir, mas sem a animosidade que existe por causa de sua cidadania de segunda classe.

No Congresso, argumentam que isso não está na Constituição. É para isso que servem as emendas. A Constituição tem 27 delas. E se for necessário uma emenda à Constituição para, finalmente, conceder a Porto Rico uma condição com a qual tanto os americanos quanto os porto-riquenhos possam conviver, por que não?

Ralph Nader
Abril 2000

"**P**egue esse cara... Tire-o do nosso caminho... Faça-o calar a boca." Foram essas as instruções que a General Motors deu ao detetive particular contratado para espionar Ralph Nader. Em 1965, Nader incorreu na ira da GM com seu *best-seller Unsafe at Any Speed* (Grossman, 1965), que expôs a segurança automobilística insatisfatória da empresa e de seu famoso carro, o Corvair. Mas a GM não "o pegou". Ao contrário, teve que pagar a Nader uma grande quantia em um processo de invasão de privacidade. Nader usou esse dinheiro para fundar sua primeira organização de interesse público. Desde que irrompeu no cenário nacional, em meados da década de 1960, ele mantém uma cruzada para corrigir os erros e os abusos do setor corporativo e do sistema político.

Nader é um conversor catalítico que deu início a organizações como Public Citizen, Public Interest Research Group, Center for Auto Safety, Center for Science in the Public Interest e Center for the Study of Responsive Law, além de revistas, como, por exemplo, a *Multinational Monitor*. Foi fundamental na aprovação do National Traffic and Motor Vehicle Safety Act (lei de segurança de veículos automotores e tráfego nacional) em 1966. Ajudou a criar o Departamento de Proteção Ambiental em 1970 e, quatro anos depois, o Freedom for Information Act (lei de liberdade de informação). Seus esforços na área de saúde e de segurança salvaram centenas de milhares de vidas. Recentemente, ocupa a linha de frente das disputas em torno do NAFTA (Tratado de Livre Comércio da América do Norte) e OMC (Organização Mundial do Comércio). Pode-se atribuir às insistentes referências de Nader o fato de a expressão "bem-estar corporativo" fazer parte do discurso público.

Seus hábitos espartanos são legendários e espera que todos que o cercam sejam tão dedicados ao trabalho quanto ele o é. Às vezes, o ritmo desse árabe-americano, alto, da pequena cidade de Winsted, Connecticut, é difícil de acompanhar, mas trabalhar para Nader tem sido a base de treinamento para duas gerações de ativistas, de advogados progressistas e de jornalistas investigadores de corrupção.

Em 1996, Nader foi candidato à presidência pelo Partido Verde. Sua campanha foi modesta, e só conseguiu figurar na cédula de votação em 22 estados. Recebeu apenas 0,7% dos votos. Este ano, candidatou-se novamente. De acordo com um assessor, a meta de Nader é ajudar a construir o Partido Verde. Se conseguir ao menos 5% dos votos nacionais, o Partido Verde se qualificará para receber milhões de dólares do fundo eleitoral federal na eleição à presidência em 2004.

Uma das metáforas favoritas de Nader é a da bolota e do carvalho: grandes feitos começam modestamente.

Entrevistei Nader na década de 1990, e ele participa, regularmente, de minha série *Alternative Radio*. Conversamos por telefone em fevereiro último, alguns dias depois de ele anunciar sua candidatura e alguns dias antes de seu sexagésimo sexto aniversário.

Na última vez em que foi candidato, parece que você não se dedicou muito à campanha. Está mais envolvido agora?

Em 1996, comecei a receber cartas de grupos ambientalistas e de vários outros de diversos estados perguntando se eu colocaria meu nome na cédula pelo Partido Verde. Eu disse: estou disposto a fazê-lo, mas não quero que pensem que competirei, levantarei fundos e farei campanha. Disse que daria entrevistas na mídia etc., e cumpri a promessa. Desde o início, eles sabiam que eu estava apenas apoiando o Partido Verde.

Agora é diferente — estou concorrendo. É uma campanha séria para elevar o Partido Verde a uma condição significativa e para aumentar a probabilidade de termos um debate nacional sobre os abusos do poder corporativo e das regras políticas de maioria relativa. Levantaremos cinco milhões de dólares. Buscaremos o fundo partidário. Temos uma excelente página na Internet, VoteNader.com. Teremos ótimas pessoas entusiasmadas e dedicadas trabalhando. Esperamos ter uma equipe de trinta em Washington e em todo o país. O primeiro passo é aparecer na cédula em estados conservadores como Michigan, Illinois, Oklahoma, Texas, Geórgia, Carolina do Norte, Pensilvânia e West Virginia.

Assim, em 1996, eu apenas dei apoio. No ano 2000, estou concorrendo.

A pergunta desta campanha, para cada cidadão, é: você quer ser mais poderoso? Está cansado de ser manipulado? Está cansado de ser induzido a acreditar em falsos valores? Está cansado de ver seus filhos sendo explorados por publicitários corporativos? Está cansado de ouvir que a América não progride por causa da ganância e do poder de alguns dominando a maioria? Não estou dizendo: vote em mim e farei isso e aquilo. A questão é:

vocês querem mesmo ser mais poderosos em seu papel como contribuintes contra o bem-estar corporativo, como trabalhadores para organizar sindicatos, como consumidores para melhorar a saúde, a segurança e os direitos econômicos de pessoas comuns, e como eleitores para conseguir construir o instrumento mais importante para se fazer justiça jamais imaginado — uma democracia forte? Vocês querem ser mais fortes? Essa é a pergunta. Em caso afirmativo, juntem-se a nós.

Na campanha de 1996, você insistiu em destacar os abusos do poder corporativo. Fez um comentário a William Safire, do New York Times, *que feriu muita gente. Você disse que não estava interessado em "política gonadal". Este ano será diferente?*

Em primeiro lugar, a concentração da campanha será na construção da democracia e na oposição à concentração de poder e de riqueza corporativa em relação às nossas instituições governamentais, mercantis, empresariais, ambientais, infantis e educacionais. Em segundo, não tive a intenção de fazer um comentário pejorativo. Se você olhar em qualquer dicionário Oxford, a palavra "gonadal" significa aquilo que procria. Eu poderia ter usado a expressão "política sexual", acho que teria sido mais compreensível. Mas ninguém vai muito longe em termos de lutar pela liberdade ou pelos direitos civis. Meu primeiro artigo, por exemplo, foi sobre os índios americanos e sua condição em relação às reservas. Lutei contra as restrições que proibiam as mulheres de participarem de júris civis muito antes de questões mais proeminentes sobre direitos homossexuais e aborto surgirem no cenário político.

O Partido Verde tem uma posição excelente diante de todas essas questões, pois conta com pessoas muito mais experientes nessas áreas do que eu, e elas tratarão disso também. Sinto-me mais à vontade com questões com as quais trabalho.

Entendo, mas você enfrentará outras questões como Roe versus Wade.* *Se Bush for eleito por causa de votos que favorecem o Partido Verde, ele escolherá juízes da Suprema Corte que derrubarão* Roe versus Wade.

Há inúmeras questões importantes que os dois partidos estão omitindo, por exemplo, o controle significativo de armas e da devastadora contaminação ambiental, a proibição de uma indústria de engenharia genética violenta, sem mencionar a pobreza, as doenças evitáveis, o analfabetismo, o colapso da infra-estrutura, os abusos corporativos, as distorções de orçamentos públicos etc. Portanto, ainda que todos nós tenhamos uma ou duas questões importantes, temos de lembrar que há muito mais em jogo ao tentarmos substituir o atual sistema político corrupto.

Dito isso, não creio que *Roe versus Wade* será, algum dia, derrubado. Penso que os republicanos destruirão seu partido se chegarem a esse ponto. Por exemplo, já estão tomando muito cuidado para não assumir uma posição dura como a de Pat Buchanan, porque sabem que perderão muitos votos se o fizerem.

Além disso, as pessoas vão querer saber sua opinião sobre as sanções contra o Iraque, o Comprehensive Test Ban Treaty [Tratado abrangente de abolição de testes], a Chechênia e o Kosovo. Você tem de estar preparado para responder a essas perguntas.

---

* Jurisprudência favorável ao aborto. (N. do E.).

Elas serão respondidas de acordo com contextos. Depois que se entra em mais detalhes, o enfoque fica completamente difuso. A imprensa destacará perguntas que estão no noticiário. Se a Chechênia estiver nas manchetes, os jornalistas concentrar-se-ão nela. Deveríamos nos perguntar: que tipo de participação popular existe na política militar e externa neste país? Pouquíssima. Queremos desenvolver contextos. Por exemplo, queremos uma política vigorosa para promover a paz e destinar-lhe recursos do orçamento nacional do mesmo modo que buscamos a política de solidificar sistemas de armas cada vez mais modernos? As empresas estão bastante envolvidas em várias dessas questões de política externa e militar.

Sei que você quer se concentrar naquilo que conhece melhor, ou seja, o poder corporativo. Todavia, você não precisaria mais do que dois minutos para expor sua opinião, por exemplo, sobre o Tratado Abrangente de Abolição de Testes. Não sei qual é sua posição sobre ele.

Obviamente sou a favor. O controle de armas é importantíssimo, sim.

Sua campanha terá que levar em consideração coisas assim.

Isso não está fora da minha experiência. Estou consciente do fato de a corrida armamentista ser controlada por exigências empresariais para contratos — seja a General Dynamics ou a Lockheed Martin —, e aprovam tudo no Congresso. Aprovam através de *lobbying* e contratam ex-autoridades do Pentágono no complexo industrial militar de Washington, como Eisenhower disse.

Essa não é uma questão completamente definida. Por exemplo, as empresas americanas não vêem a hora de entrar em Cuba e no Irã. A ideologia as impede. Qual a sua opinião sobre isso — sobre Cuba?

Por que não vêem a hora de entrar? Antes de 1990, não viam a hora de entrar no Iraque e vender armas militares a Saddam Hussein. Querem adentrar em outros países para vender armas. Não penso que seja uma boa maneira de agirem. O que querem vender a Cuba?

Cassinos e hotéis.

Claro. Cassinos, hotéis, produtos e alimentos de baixa qualidade. Tentarão debilitar a expansão da agricultura orgânica de Cuba, seu sistema de saúde independente e tornar as pessoas dependentes de todo tipo de medicamentos, pois estão tentando exportar seu modelo de expansão econômica, que destrói o ambiente e as comunidades independentes.

Gostaria que você falasse sobre o temor de que os verdes acabem causando a divisão de votos, ao servirem de bois de piranhas, e ajudem a eleger uma alternativa pior.

O sistema político é dominado pelos dois partidos, dois subsidiários do dinheiro empresarial, que dividem distritos onde cada partido domina em vez de competir com o outro. Esses dois partidos geraram um sistema tão dividido, que é impossível dividi-lo ainda mais com a presença de um terceiro. Podemos apenas purificá-los, desestabilizá-los ou, ao menos, disciplina-los para lembrar-lhes que devem representar o povo, não as grandes empresas.

Assim, quem acaba servindo de boi de piranha e dividindo os votos é o duopólio formado pelos dois partidos, na realidade um partido empresarial com duas cabeças usando maquiagens distintas. Se quisermos regenerar a política, precisaremos dar às pequenas sementes a possibilidade de germinarem.

Temos um sistema político de maioria relativa que desencoraja pequenos partidos e candidatos independentes a tentarem trilhar um novo caminho ou a começar um outro movimento. É por isso que precisamos de um debate sobre a representação proporcional, cuja aplicação prática, creio, pode acontecer em pouco tempo em algumas jurisdições municipais e, depois, ser ampliada.

Em 1998, mesmo na cédula de votação, cerca de 75 distritos congressionais não tiveram um candidato oponente de um partido relevante contra o titular, fosse ele republicano ou democrata. Creio que os verdes podem começar ocupando esses vácuos, não apenas congressionais, mas também estaduais e locais. Acredito que não se sabe ou não se divulga o bastante sobre o número de distritos monopartidários existentes nos EUA, onde o partido rival perdeu a confiança do público em participar de, ao menos, um processo de competição bipartidário, mesmo que os dois partidos fossem farinha do mesmo saco. Para mim, essa situação é abertura real para os verdes.

Durante anos, o argumento "dos males, o menor" apresenta-se como motivo para votar ou nos democratas, ou nos republicanos. O ativista pela paz Dave Dellinger chama isso de o "mal dos dois menores."

A maioria das pessoas não está interessada em ouvir que há duas opções: votar no melhor dos piores ou ficar em casa. Quer mais alternativas. Se quiser comprar um carro, não terá de escolher apenas entre dois. Se quiser comprar uma casa, ninguém lhe dirá: você tem de comprar uma dessas duas casas nesta cidade. Ela quer opções.

Além disso, julgando-se pelas reações dos meus constituintes, a maioria esmagadora defende uma lei obrigatória de inclusão da opção "Nenhum dos Anteriores". Portanto, se você não gostar dos nomes que estão na cédula de votação, poderá escolher "Nenhum dos Anteriores" na cabine de votação. Se esse ganhar mais votos do que qualquer um deles, cancela-se aquela eleição, dispensam-se os candidatos e convoca-se uma outra, com novos nomes na disputa, em um prazo de 30 a 45 dias.

O que mais suscita reações de seu público?

A questão da globalização empresarial, o modelo empresarial de desenvolvimento econômico, os sistemas autocratas de governança embutidos na OMC, que subvertem nossa soberania legítima local, estadual e nacional e põem em risco as leis existentes de saúde e de segurança. A ordem da OMC é o comércio *über alles* (acima de tudo). Ele subordina todos os nossos padrões ambientais, profissionais, de segurança, de saúde e de consumo.

Hoje, não se trata de uma maioria de trabalhadores ganhar menos — com os devidos ajustes de inflação — do que em 1979, apesar de um recorde em macroprosperidade, cujos ganhos são sugados pela pequena porcentagem dos mais ricos. Não é só isso. É que esses têm de trabalhar cada vez mais, 163 horas a mais por ano em relação a vinte anos atrás. E trinta ou quarenta anos atrás, não tinham de gastar dinheiro com coisas que, hoje, têm por causa de maior distância entre o lar e o local de trabalho, mais carros por família, mais apólices de seguro de carros, mais restaurantes *fast food*, em vez de comerem em casa; mais tempo longe dos filhos. Quando temos de comprar jogos Nintendo por setenta dólares e trazer o entretenimento comercial para casa, é uma forma de redução no pagamento. As pessoas acham que estão em apuros, porque têm de gastar mais em coisas que nada lhes custavam anos atrás, antes do estabelecimento dessa economia política centrada no crescimento empresarial descontrolado em áreas suburbanas, dominadas por *shopping centers*.

Todas essas questões farão parte desta campanha.

A convenção nacional do Partido Verde será em Denver no final de semana de 23 de junho. Em 1996, Winona LaDuke concorreu, com você, à vice-presidência. Você falou com ela sobre a possibilidade de isso acontecer novamente?

Sim, e ela está decidida a concorrer mais uma vez. Estou entusiasmado com isso. Incentivo todos a lerem seu novo livro, *All Our Relations*, que descreve a devastação e a pilhagem de empresas e de atividades governamentais nas reservas de nossos nativos. O livro é muito bem escrito e publicado pela South End Press.

Pouquíssimas pessoas sabem de sua origem árabe. Seus pais nasceram no Líbano. Você raramente menciona isso. Eu queria saber como essas origens, como o fato de crescer com esse legado, o influenciaram.

Foi uma educação civicamente responsável. Meus pais diziam aos filhos: "O outro lado da liberdade é a responsabilidade cívica." Assim, sempre fomos incentivados a participar e a tentar melhorar nossa comunidade, em vez de sermos observadores passivos. Nossos pais nos levavam às reuniões municipais em minha cidade natal, que, geralmente, eram demonstrações fortes de debate entre os cidadãos, o prefeito e os vereadores. Além disso, acho que foi uma época em que as crianças tinham um certo isolamento. Não ficavam grudadas aos videogames e à televisão trinta, quarenta horas por semana. Brincávamos no quintal em vez de sentarmos em um sofá, ganhando peso, perdendo a forma física, comendo batatas fritas e assistindo a desenhos animados violentos.

E o legado da cultura árabe?

Crescemos aprendendo o idioma — os provérbios sempre fizeram parte do incentivo e das orientações em casa. Foi uma educação cultural muito estimulante.

Tenho a impressão de que você, às vezes, evita usar seu prestígio e posição para apresentar um programa progressista.

Talvez você tenha razão. Não gosto de gabar-me de nossas conquistas passadas, ainda que sejam, em 35 ou 40 anos, bastante significativas. Penso que a saúde e a segurança do país melhoraram, mostraram o que cada cidadão pode fazer e expuseram muitos abusos empresariais e governamentais. Mas sempre olho para frente. Nunca chego nem perto de onde gostaria de chegar.

Contudo, é importante lembrar às pessoas, sobretudo aos jovens desmoralizados e descompromissados, que tivemos grandes vitórias, seja com a aprovação de leis de saúde e de segurança para minas de carvão no final da década de 1960, seja das leis de proteção ao consumidor ou ao meio ambiente.

Tudo isso começou com um número muito pequeno de pessoas que construíram uma consciência política e desenvolveram o que o juiz Learned Hand chamou de "sentimentos públicos essenciais" a favor das mudanças necessárias. Agora, está cada vez mais difícil agir assim, porque as empresas apossaram-se do governo e quase o fizeram voltar-se contra seu povo, bloqueando o acesso à participação ou dificultando os esforços de reforma ambiental e trabalhista, reforma para o consumidor e para os pequenos contribuintes e mudança da contribuição monetária legal para campanhas políticas.

Gosto muito da definição de liberdade dada por Cícero — para mostrar como as percepções sábias mudaram pouquíssimo neste mundo. Há mais de dois mil anos ele disse: "Liberdade é a participação no poder."

Também gosto de citar a declaração do juiz Louis Brandeis da Suprema Corte. Ele disse, pouco mais de sessenta anos atrás: "Podemos ter a democracia ou a concentração de riquezas nas mãos de poucos. Não podemos ter ambos." Esse é, sem dúvida, o modelo desta campanha.

Noam Chomsky

Setembro 1999

Noam Chomsky — ativista político, escritor e professor de Lingüística de longa data no Massachusetts Institute of Technology — é autor de muitos livros e de artigos sobre a política externa dos EUA, questões internacionais, direitos humanos e meios de comunicação de massa. Entre suas obras estão *Manipulação do público: política e poder econômico no uso da mídia*, produzido em conjunto com Ed Herman, *Contendo a democracia* (Record, 2003), *World Orders Old and New* (Columbia University, 1994), *O lucro ou as pessoas? Neoliberalismo e ordem global* (Bertrand Brasil, 2002) e *Fateful Triangle* (South End Press, nova edição, 1999). Seu livro mais recente é *The New Military Humanism* (Common Courage, 1999).

Escrevi a Chomsky em 1980. Para minha surpresa, ele respondeu. Concedeu-me a primeira entrevista quatro anos depois. Desde então, muitas outras aconteceram e resultaram em uma série de livros e de programas de rádio. As coletâneas de entrevistas venderam centenas de milhares de exemplares, o que é notável, porque não receberam quase nenhum tipo de publicidade e não foram mencionadas sequer em publicações de esquerda. Ao trabalhar com Chomsky todos esses anos, surpreenderam-me sua paciência, sua coerência e sua tranqüilidade. Não há jogos de poder, nem ares de superioridade. Quanto às suas aptidões intelectuais, tem a capacidade notável de pegar um volume de informações amplas e desiguais e transformá-las em uma análise coerente.

Chomsky, agora com 70 anos, é incansável. Além de produzir um fluxo constante de artigos e de livros sobre política e lingüística, mantém uma intensa agenda de palestras: é muito solicitado, e, quase sempre, sua agenda está cheia com anos de antecedência. Aonde quer que vá, atrai enormes platéias, embora o motivo não seja um estilo brilhante de falar. Segundo ele mesmo me disse em certa ocasião: "Não sou um orador carismático e, se pudesse sê-lo, não o faria. Não estou nem um pouco interessado em convencer o público. O que gosto de fazer é ajudar pessoas a se convencerem." E isso faz, provavelmente, com mais diligência do que qualquer outro intelectual no decorrer de um período de tempo mais longo.

O *New Statesman* o chama de "a consciência do povo americano". Para citar apenas um exemplo de sua solidariedade, no ano passado pedi-lhe que viesse a Boulder falar no vigésimo aniversário da rádio comunitária KGNU. Apesar do cansaço causado por uma cirurgia recente, aceitou o convite e ainda dispensou o cachê.

Em geral, Chomsky é apresentado como alguém que exemplifica o adágio quacre de falar a verdade ao poder. É uma exceção e diz que os poderosos já sabem o que está acontecendo. É o povo que precisa ouvir a verdade.

Cresceu na Filadélfia e, quando não estava escrevendo artigos para o jornal da escola sobre a Guerra Civil Espanhola, era um fã paciente do Athletics, time de beisebol que, naquela época — ele relembra —, sempre perdia para os Yankees. "Para filhos de imigrantes judeus de primeira geração, saber mais sobre beisebol do que qualquer outra pessoa fazia parte de sua americanização", ele diz. Hoje, depois de anos sem prestar atenção aos esportes, Chomsky leva os netos aos jogos. Contudo, sua crítica incisiva permanece. "O esporte", diz ele, "desempenha um papel social na formação de atitudes jingoístas e chauvinistas. Tem por objetivo organizar uma comunidade dedicada aos seus gladiadores." Segundo Chomsky, quem joga em um time não é muito melhor. "Os times geram atitudes irracionais de submissão à autoridade."

Posso ver tudo agora: Chomsky na base principal; Barsamian no montículo. A contagem está em 3 X 2 no final da nona entrada. Obviamente, seu time está perdendo. Aí vem o arremesso. Chomsky rebate, há um longo movimento em direção ao fundo do jardim esquerdo e a bola ...

Esta entrevista é um resumo de quatro horas de conversa no início de fevereiro em Lexington e em Cambridge, Massachusetts.

Nossas entrevistas são um tipo de roleta. Você nunca sabe de onde as perguntas vêm ou que detalhes serão necessários. Como você se sente a esse respeito?

Você tem o controle. Sou apenas seu servidor. Portanto, a tarefa mais fácil é minha. Apenas o sigo.

Você disse, muitas vezes, que não é a Anistia Internacional. O que determina seu envolvimento em algum problema?

Se não pudermos resolver um problema, não ajuda muito fazer grandes declarações sobre ele. Poderíamos todos nos reunir e dizer:"Condenem Gengis Khan", mas não há valor moral.

Portanto, a primeira pergunta é: até que ponto podemos influenciar as coisas? Por exemplo, quando o poder dos EUA está diretamente envolvido, podemos ter mais ação do que se ele não estivesse.

Se for uma questão muito popular, não vejo muita vantagem em falar sobre ela. Tomemos a África do Sul. Falei pouquíssimo sobre o *apartheid*, embora ache que superá-lo foi importantíssimo. Não seria útil usar meu tempo para dizer: "Eu concordo", o que era verdade, na maioria das vezes. Prefiro questões intrinsecamente importantes que estão fora da esfera pública e sobre as quais podemos fazer muito.

Há outras situações apenas pessoais. Desde a infância, preocupo-me com Israel ou com o que era a Palestina. Cresci naquele ambiente. Vivi lá, li jornais hebreus, tenho muitos amigos naquele lugar — assim, naturalmente, estou envolvido nessa questão.

A última vez que você participou de All Things Considered, *na Rádio Pública Nacional, foi durante a Guerra do Golfo, em fevereiro de 1991. Você fez um comentário sobre países que violam as resoluções do Conselho de Segurança, pois imaginava um bombardeio americano em Tel Aviv, em Ancara e em Jacarta.*

Se analisarmos a lista dos maiores destinatários de recursos americanos, quase todos são grandes devastadores dos direitos humanos. No hemisfério ocidental, o principal beneficiário de ajuda militar na década de 1990 foi, sobretudo, a Colômbia, que também tem a pior ficha de direitos humanos. Foi por isso que fiz aquele comentário. Claro, não se tem de bombardear esses países. Se quisermos deter os terroristas e as atrocidades que estão cometendo, basta não os apoiar.

Seu comentário de dois minutos e meio foi cercado por uma cacofonia virtual de propaganda da Guerra do Golfo.

Lembre-se do comentário de Jeff Greenfield, que costumava participar de *Nightline*. Ele explicou por que não me convidaram para o programa. Segundo ele, havia dois motivos. Em primeiro lugar, sou de Netuno. Em segundo, não sou conciso. Concordo com ele.

Concorda em tudo? Sobre Netuno também?

Em meus dois minutos e meio, um ouvinte razoável deve ter pensado que eu era de Netuno. Não havia contexto, nem fatos preliminares, nem evidência no meu discurso e era completamente distinto de todo o resto. A reação racional é: "Esse cara deve ser de Netuno." Correto.

Isso nos deixa com opções bem simples. Ou repetimos as mesmas doutrinas convencionais que todos recitam pomposamente, ou dizemos algo verdadeiro, que parecerá oriundo de Netuno. A concisão exige que não haja evidência. A enchente de doutrinas unânimes garante que a verdade pareça incomum.

Encontrei esta citação de George Orwell: "Os cães de circo saltam quando o treinador estala o chicote. Mas o cão bem treinado é aquele que salta quando não há chicote."

Suspeito de que ele estava se referindo aos intelectuais. Supõe-se que a classe intelectual seja tão bem treinada e doutrinada, que não precisa de chicotada. Apenas reage espontaneamente para servir a interesses externos de poder, sem conscientização, achando que se trata de trabalho honesto e dedicado. Esse é um verdadeiro cão treinado.

Que sugestões você daria às pessoas que estão tentando decodificar os noticiários?

A primeira coisa é ser muito cético. Comece perguntando: "Como é a distribuição de poder em nossa sociedade? Quem decide o que será produzido, consumido e distribuído?" Na maioria dos lugares, é fácil descobrir as respostas. Depois, pergunte se as políticas e a forma das informações refletem a distribuição de poder. É comum constatarmos que podemos explicar muitas coisas desse modo.

Veja o Iraque. Uma pergunta é: "Por que os EUA e a Grã-Bretanha estão bombardeando o Iraque e insistindo em manter as sanções impostas?" Se analisarmos, encontraremos respostas com quase 100% de concordância. Nós as **ouvimos** de Tony Blair, de Madeleine Albright, de editores de jornais e de comentaristas. A resposta é: "Saddam Hussein é um monstro. Ele cometeu o crime máximo — ou seja, atacou seu próprio povo com armas químicas. Não podemos deixar uma criatura dessas viver."

Tudo que se apresenta com unanimidade quase total deve ser entendido como um sinal. Nada está claro. Nesse caso, há uma forma simples de sabermos: como os EUA e a Grã-Bretanha reagiram quando Saddam Hussein cometeu o crime máximo? Está gravado. O primeiro maior ataque com armas químicas à cidade curda de Halabja foi em abril de 1988. O segundo aconteceu em agosto, cinco dias depois do cessar-fogo, quando o Irã praticamente se entregou. Os Estados Unidos e a Grã-Bretanha reagiram reafirmando — e, na verdade, acelerando — seu forte apoio a Saddam Hussein.

Isso, imediatamente, deixa transparecer que o ataque com armas químicas ao povo de Saddam não pode ser a razão por que os Estados Unidos e a Grã-Bretanha, agora, tentam destruí-lo. Ele é um monstro, cometeu um dos piores crimes e, para os EUA e a Grã-Bretanha, estava tudo certo.

A racionalidade elementar não é permitida. Se alguém quiser testar isso, poderá investigar com que freqüência a declaração: "Temos que bombardear Saddam Hussein, porque ele cometeu um crime gravíssimo" é acompanhada de quatro palavras cruciais: "com o nosso apoio".

Quando analisamos o caso mais profundamente, constatamos que uma meta importante e, sem dúvida, consciente, dos envolvidos na manipulação de pensamentos e de atitudes — os setores de relações públicas e de propaganda e os intelectuais responsáveis que falam sobre como administrar o mundo — é regulamentar a mente humana tanto quanto o exército regulamenta o corpo.

O secretário de Defesa William Cohen cumpriu a promessa feita no início de 1998, depois do desastre de relações públicas no estado de Ohio: não haverá assembléias municipais na próxima vez que quisermos bombardear o Iraque.

Cometeram um erro gravíssimo na última vez. Na expectativa de bombardear o Iraque, prepararam uma assembléia municipal minuciosamente planejada, que parecia muito segura. Foi em Columbus, Ohio. Os questionadores foram pré-selecionados. Escolheram pessoas que pensavam poder controlar. Parecia um exercício de propaganda bem orquestrado. Porém, havia organização nos bastidores. Acabaram descobrindo que algumas dessas pessoas bem-educadas tinham perguntas reais.

Fizeram-nas calma e educadamente, mas assim que o primeiro rumor de reprovação quebrou a uniformidade, Cohen, Albright e [consultor de segurança nacional Sandy] Berger começaram a titubear. Não podiam responder. O público reagiu, porque a dissidência estava bem debaixo de seu nariz. Foi um desastre total. Foi esse o contexto do comentário de Cohen.

O ataque ao Iraque em dezembro passado foi surpreendente, uma violação total do Direito Internacional. O motivo de os Estados Unidos não terem ido ao Conselho de Segurança da ONU é perfeitamente óbvio. Ele não teria permitido o bombardeio. Portanto, o Conselho de Segurança é outro "fórum hostil" e, por isso, é irrelevante. Se os EUA e a Grã-Bretanha querem usar a força, é isso que farão. Além do que, agiram com o máximo descaramento possível para demonstrar seu desprezo pela ONU e pelo Direito Internacional. O momento que escolheram para o ataque foi exatamente quando o Conselho de Segurança reunia-se em sessão extraordinária para tratar da crise. Os membros do conselho não foram informados. É uma forma de dizer, com todas as letras: "Vocês são irrelevantes. O Direito Internacional é irrelevante. Somos Estados trapaceiros. Usaremos a força e a violência como bem entendermos."

Isso é bem diferente do que ocorreu em 1947, quando o desdém pelo Direito Internacional era oculto em documentos secretos que seriam publicados quarenta anos depois. Agora é claro e aberto e recebe..., não se pode sequer dizer, a "aprovação" da opinião intelectual, porque é considerado um fato tão natural, que nem mesmo é notado. É exatamente igual ao ar que respiramos.

Somos um Estado violento e terrorista. Temos uma enorme bandeira que diz: o Direito Internacional e a Carta Constitucional da ONU são inadequados para nós, porque temos armas e vamos usá-las. Ponto final.

Não aparece nos meios de comunicação aqui, mas o mundo percebe, diga-se de passagem. Na Índia, por exemplo, o Conselho Indiano de Juristas está processando os Estados Unidos e a Grã-Bretanha, na Corte Mundial, por crimes de guerra. O Vaticano denominou "agressão" o ataque ao Iraque. Isso foi, superficialmente, mencionado na parte inferior de uma página de jornal aqui e ali. No mundo árabe, o ataque foi amplamente condenado como agressão. Na Inglaterra, isso não aconteceu de modo tão uniforme quanto aqui. Apenas o *Observer* publicou um editorial condenando o bombardeio como agressão.

Uma das vantagens de sair dos Estados Unidos é expor-se a meios de comunicação de massa com outra visão de mundo. Estive na Tailândia no início de janeiro. Um de seus dois jornais de língua inglesa é o Nation. *Havia um artigo muito crítico intitulado: "Deter a América na era pós-guerra fria", de Suravit Jayanama, que escreveu: "Enquanto Washington fala em deter Saddam Hussein, o que acontece com a necessidade de deter uma superpotência que age fervorosamente para proteger interesses próprios?"*

Essa é a atitude na maior parte do mundo, e com razão. Quando a única superpotência mundial, que tem um monopólio de força, anuncia abertamente: "Usaremos a força e a violência como bem entendermos, e, se vocês não gostam da idéia, saiam do caminho", as pessoas têm motivo para se assustar.

E os legados dessa violência?

Veja o caso do Laos. O país ficou saturado com centenas de milhões de pedaços de material bélico. O governo dos EUA admitiu que grande parte daquele bombardeio não estava vinculado à guerra no Vietnã. Naquela época, foi o bombardeio mais intenso da História, voltado para uma sociedade camponesa completamente indefesa. Sei algo sobre o assunto. Eu estava lá e consegui entrevistar alguns dos refugiados — havia dezenas de milhares — que tinham sido expulsos da planície dos Jarros.

A arma mais letal era o que chamavam de "bombinhas", umas coisinhas coloridas. Eram projetadas para mutilar e para matar pessoas — esse era seu único objetivo. Essa região está infestada com centenas de milhões de bombas que não explodiram, ninguém sabe quantas. As vítimas são, sobretudo, crianças e agricultores. De fato, uma pesquisa minuciosa realizada em uma província constatou que 55% das vítimas são crianças que estão brincando, vêem aquelas coisas coloridas, apanham-nas e morrem, a exemplo de todos ao seu redor. Os agricultores detonam-nas quando estão cultivando a terra. Isso está acontecendo agora, não se trata de História Antiga.

O primeiro grupo a tentar fazer algo a respeito foi o de menonitas. O Comitê Menonita Central tem voluntários que trabalham lá desde 1977 e tentam dar publicidade ao assunto e fazer que as pessoas se interessem mais pelo tema. Tentam ensinar os moradores a usarem pás. Nada de equipamentos de alta tecnologia. Há um grupo voluntário britânico, um grupo de profissionais de detecção de minas, mas não o governo britânico. E, como a imprensa britânica diz, os americanos são notáveis por sua ausência nessa região.

Segundo a imprensa britânica de direita, o *Sunday Telegraph*, o grupo britânico de detecção de minas alega que o Pentágono jamais lhe dará informações técnicas que lhe permita desativar as bombas. Portanto, esse grupo corre risco, porque as informações são secretas. Havia um artigo ufanista na *Christian Science Monitor* sobre o fato de os EUA serem uma sociedade humana, porque, depois de muita pressão, agora estão treinando alguns laosianos para eliminarem minas que, de alguma forma, acabaram aparecendo naquele país.

Essas minas não vieram de Netuno, meu lugar de origem. Sabemos de onde elas vieram e sabemos quem não está lá para eliminá-las.

Você, Edward Said, Howard Zinn e Ed Herman, recentemente, deram a seguinte declaração sobre o Iraque: "Chegou a hora de as pessoas de consciência agirem. Precisamos nos organizar e priorizar essa questão, assim como os americanos organizaram-se para acabar com a guerra no Vietnã, precisamos de uma campanha nacional para colocar um fim às sanções." Sei que você é contra sanções em todas as instâncias, porém, cita a África do Sul como um caso distinto.

Para esclarecer, nós quatro assinamos aquela declaração. Mas ela foi redigida, organizada e anunciada por Robert Jensen na Universidade do Texas. Isso ilustra algo que sempre soubemos ser verdadeiro: quase nunca se conhece quem realmente faz o trabalho. O que se conhece é alguém que se posicionou e fez um pronunciamento ou assinou uma petição.

A imposição de sanções implica sempre a responsabilidade de provarmos determinada alegação. Essa responsabilidade pode ser superada? Às vezes. Por exemplo, a África do Sul. Dois comentários a respeito. O primeiro deles é que as sanções tinham o apoio da maioria esmagadora da população, até onde pudemos entender. Se a população está a favor delas, trata-se de um argumento, não de uma prova, de que elas talvez sejam positivas. O segundo é que teria sido uma boa idéia se os EUA tivessem levado as sanções em consideração, mas eles as enfraqueceram. As interações e o comércio dos Estados Unidos com a África do Sul continuaram e, creio, talvez tenham aumentado.

Em meados de janeiro de 1999, a Associated Press publicou uma reportagem sobre Israel. Em resposta à crítica de que os serviços de segurança israelenses usam a tortura e a força bruta ao interrogar palestinos, o representante do governo, Yehuda Schaeffer, disse: "Nesta, como em outras questões, ainda somos uma luz para as nações", referindo-se ao utópico slogan sionista de 100 anos de existência.

Foi um escândalo até em Israel que, na verdade, usa tortura sim, segundo os padrões internacionais. Grupos de direitos humanos condenam os israelenses constantemente pela tortura. Eles a usam com regularidade. É rotina interrogar prisioneiros árabes sob tortura, sem acusação e, quase sempre, mantidos em prisão administrativa. A cerca de dez anos atrás, essa questão chegou ao conhecimento público. Um oficial militar druso foi condenado por um crime. Acabou sendo revelado que era inocente, mas confessara o crime. Logo perguntaram: "Por que ele confessou?" Descobriu-se que ele fora torturado, e isso se tornou de conhecimento público.

Durante anos, quando os prisioneiros palestinos iam a julgamento, alegavam que sua confissão fora obtida sob tortura. Os tribunais sempre rejeitavam essa afirmação, tida como falsa, até mesmo o Tribunal Superior. Depois do caso do druso, tiveram de admitir que, ao menos nessa instância, a confissão fora obtida sob tortura. Portanto, veio a investigação. Descobriu-se que o uso da tortura é rotineiro nos interrogatórios. O acontecimento foi considerado um grande escândalo não tanto pelo uso da tortura, mas porque os serviços de inteligência não tinham informado o tribunal. Foi mais ou menos igual a Watergate. Bombardear o Camboja não era crime, mas não dizer ao Congresso sobre esse ato era. Nesse caso, também, o Tribunal Superior condenou o fato de os serviços de inteligência enganarem a justiça — uma verdadeira piada. Todos, exceto os juízes do Tribunal Superior, sabiam que as confissões eram obtidas sob tortura. Moshe Etzioni, um dos juízes do Tribunal Superior, esteve em Londres em 1977. Concedeu uma entrevista à Anistia Internacional, que perguntou por que os israelenses conseguiam um índice tão elevado de confissões. Todos sabiam o significado daquilo. Ele disse: "Os árabes costumam confessar; faz parte de sua natureza." A Anistia publicou o texto sem comentários.

Não havia dúvida de que Israel estava usando tortura, mas os tribunais, até mesmo o Tribunal Superior, resolveram acreditar nos serviços de inteligência. Portanto, sua alegação de que tinham sido enganados é falsa. Optaram por ser ludibriosos. Naquele momento, formou-se a Landau Commission, que fazia reuniões secretas e apresentou recomendações parcialmente públicas e parcialmente secretas sobre o uso de... não usaram a palavra "tortura", mas força ou pressão, ou algum outro eufemismo. A Landau Commission disse: "Não, vocês não devem usar isso, a não ser que..." e, então, apresentou um protocolo secreto. Ninguém sabe o que é. Esse protocolo descreve os métodos cujo uso é permitido. Pode-se imaginar que métodos são esses, analisando-se o que acontece aos prisioneiros.

Há ótimas maneiras de se estudar isso. Pode-se obter testemunho independente de prisioneiros — que não se conhecem, mas estiveram no mesmo lugar — e verificar se descrevem exatamente a mesma coisa. Os grupos de direitos humanos fazem isso há anos. É provável que a tortura israelense seja mais minuciosa e sistematicamente avaliada do que qualquer outra. O motivo é a necessidade de se ter padrões mais elevados em investigações. Quando se fala em tortura no Paquistão, padrões elevados são desnecessários. Alguns prisioneiros nos contam que foram torturados — OK, manchete. Se dissermos a mesma coisa sobre Israel, temos que atingir os padrões da Física. Assim, quando a Liga Suíça pelos Direitos Humanos, a Anistia Internacional, a equipe London Insight do *Sunday Times* ou algum outro grande jornal realizou estudos sobre a tortura em Israel, eles tomaram o máximo cuidado. Porém, não conseguiram divulgá-los aqui.

O que você diz aos que ouvem sua crítica sobre Israel e sobre o uso de tortura e perguntam: "E a Síria? Por que você não fala sobre a Líbia ou sobre o Iraque? A situação não é muito pior nesses países?"

Claro, mencionei o Paquistão. Esses países são muito piores, concordo. Na verdade, não estou fazendo uma crítica. Apenas citei o Human Rights Watch e a Anistia Internacional. São comentários muito conservadores. Eu teria o mesmo ponto de vista que eles, o de que devemos seguir a lei americana explícita, que proíbe a ajuda a países que adotam o uso sistemático de tortura. Portanto, não acho que deveríamos mandar ajuda ao Iraque. Na verdade, protestei quando isso aconteceu na década de 1980. Obviamente, é acadêmico no caso do Iraque e da Síria. Mas, se analisarmos os principais destinatários da ajuda dos Estados Unidos, como Israel, Egito, Turquia, Paquistão e Colômbia, eles usam tortura. Toda essa ajuda é ilegal.

Como você vê a crise contínua no capitalismo global?

Deveríamos começar reconhecendo que, para uma boa parte da população mundial, e, provavelmente, para a vasta maioria, a crise existe há muito tempo. Agora, diz-se que há uma crise porque ela começa a atingir os interesses de povos ricos e poderosos. Até então, ela chegava apenas aos famintos.

O que acontece, em primeiro lugar, é: ninguém realmente entende. O Bank for International Settlements — o banco central de banqueiros centrais, como é, às vezes chamada a instituição mais conservadora e respeitada do universo — produz um relatório anual. O mais recente afirmou: "Temos que abordar essas questões com humildade, porque ninguém faz a menor idéia do que está acontecendo." Na verdade, todo economista internacional mais ou menos honesto dirá: "Não entendo o que está acontecendo, mas tenho algumas idéias." Portanto, não se deve acreditar em tudo que for dito, certamente não em qualquer coisa que eu disser, porque ninguém entende mesmo.

Contudo, alguns pontos são moderadamente óbvios e há um consenso razoável. Na era Bretton Woods, que se estendeu desde a Segunda Grande Guerra até o início da década de 1970, as taxas de câmbio eram fixas, e o capital, praticamente controlado. Por isso, não havia fluxo de capital exagerado. Por decisão, isso mudou no início da década de 1970. O fluxo de capital foi liberado.

O sistema econômico internacional está remendado com fita adesiva. Houve um estudo feito pelo FMI [Fundo Monetário Internacional], que tem 180 membros. De 1980 a 1995, constatou-se que cerca de um quarto desses membros tiveram graves crises bancárias, às vezes, várias; e dois terços tiveram uma ou outra crise financeira. É muito. Discute-se isso, mas parece que, desde a liberação dos mercados financeiros, eles ficaram extremamente voláteis, imprevisíveis, irracionais — muitas crises. Ninguém sabe quando vão explodir.

Pode-se dizer: "Tudo bem, somos capazes de lidar com isso." Talvez. Um dos maiores economistas internacionais, Paul Krugman, escreveu um artigo na *Foreign Affairs* intitulado "O retorno da depressão econômica", no qual diz: "Não entendemos o que está acontecendo. É como a Depressão. Talvez seja algo que possamos remendar, mas ninguém sabe ao certo. E ninguém sabe o que fazer."

Há uma possibilidade que descarta teoricamente, ou seja, a do controle de capital. Diz que os controles de capital levam ao uso ineficiente de recursos — algo que não podemos ter. Sem dúvida, isso é verdadeiro em um determinado modelo abstrato da Economia, o modelo neoclássico. Se esse tem alguma relação com o mundo real é outra questão. As evidências não parecem comprová-lo. Além disso, é preciso perguntar: "O que quer dizer 'uso eficiente de recursos'?" Parece uma idéia técnica e interessante, mas não é. Quando a desdobramos, vemos que é altamente ideológica. Assim, podem-se usar recursos eficientemente se esse uso aumentar o produto interno bruto, aumento que pode prejudicar todo mundo. Isso é eficiente, segundo determinado padrão ideológico, mas não segundo outros.

Deixe-me dar um exemplo. O Departamento de Transportes fez um estudo há um ou dois anos, na tentativa de estimar o efeito do declínio de gastos na manutenção de rodovias. Há um declínio considerável desde a era Reagan; portanto, a não-execução de reparos nas rodovias poupou uma certa quantia de dinheiro. Tentou-se estimar o custo. Esqueci o número exato, mas foi, consideravelmente, maior do que a quantia poupada. Contudo, o custo é para indivíduos. Se o seu carro cai em um buraco, as despesas são suas. Para a economia, é um ganho. Isso melhora a eficiência dela. Porque, se seu veículo cai em um buraco, você vai a uma oficina e paga ao mecânico para consertá-lo, ou talvez compre um novo — o que é algo mais produzido. Isso torna a economia mais eficiente de duas maneiras. Reduziu-se o porte do governo, e todos sabem que ele arrasta a economia, e ela melhora dessa forma. E aumentaram-se o lucro, os empregos e a produção. Obviamente, para o indivíduo, houve uma perda, mas para a economia, houve um ganho segundo a forma altamente ideológica de mensurar a eficiência. Esse é um pequeno exemplo, mas se aplica a todos os casos. Portanto, se você ouvir a palavra "eficiência", raciocine e pergunte: "O que isso significa?"

A Previdência Social está quebrada? Precisa ser consertada?

Mesmo antes de abordar o assunto, por que as pessoas estão falando sobre isso? Alguns anos atrás, ela era chamada de terceira via da política americana. Era intocável. Agora, a pergunta é: "Como salvá-la?" Não deixa de ser uma grande realização para a propaganda.

Se, de fato, a economia sofrerá uma redução sem precedentes históricos, em um futuro próximo, então, o mercado de ações terá o mesmo destino. É impossível acontecer de outro modo. Não é uma crítica radical, está na *Business Week*.

A lei da Previdência Social diz: "Nós nos preocupamos com idosos que passam fome. Não queremos que isso aconteça conosco." A idéia de colocá-la no mercado de ações, embora envolta em todo tipo de linguajar burocrático fraudulento, é para romper aquela idéia de solidariedade social e dizer: "Você se importa apenas consigo mesmo. Se aquele cara na rua chegar aos 70 anos e morrer de fome, não é problema seu. É problema dele. Ele não investiu bem, deu azar." Isso é ótimo para os ricos, mas, para os demais, depende de como avaliamos o risco. A Previdência Social é muito eficaz nesse aspecto. A fome entre os idosos caiu bastante.

Será que fizeram o mesmo tipo de propaganda sobre o ensino público?

Em grande parte, sim. Há uma campanha em andamento para destruir o sistema público de ensino juntamente com alguns aspectos da vida humana, atitudes e idéias que se referem à solidariedade social. Isso está sendo feito de todas as maneiras. Uma delas lança mão apenas do fornecimento insuficiente de fundos. Ou seja, se conseguirmos destruir as escolas públicas, a população buscará outra alternativa. Para que qualquer serviço seja privatizado, a primeira coisa que se faz é perturbar seu funcionamento para que as pessoas possam dizer: "Queremos nos livrar desse serviço. Não funciona. Vamos entregá-lo a Lockheed."

E a privatização da Medicare?

Uma instituição privada tem uma meta: maximizar o lucro, minimizar as condições humanas. Isso significa que seu objetivo é atrair os pacientes de menor risco e que não custarão muito e livrar-se do resto.

Você acha que as questões nacionais como Previdência Social, ensino público, Medicare e saúde poderiam agir como pára-raios para a organização e para a criação de movimentos populares?

Se essas questões fossem levadas à linha de frente e discutidas honestamente, teríamos muitos problemas. Foi esse o motivo de o NAFTA [Acordo de Livre Comércio da América do Norte] ter sido grosseiramente distorcido pela cobertura dos meios de comunicação de massa. Depois do fiasco da via rápida de um anos atrás, o *Wall Street Journal* publicou um artigo interessante. Ele dizia que, embora fosse "óbvio" que os acordos comerciais deveriam ser feitos pelo Presidente, sem nenhuma interferência do Congresso, a oposição tinha o que denominam "a arma definitiva": a população é contra e é dificílimo mantê-la fora da questão.

Para os organizadores, deveria ser uma mina de ouro. Lembro-me da época do 200º aniversário da assinatura da Declaração da Independência: em uma pesquisa de opinião divertida, deram às pessoas *slogans* de diversos tipos e pediram-lhes que dissessem se aquelas afirmativas estavam ou não na Constituição. Uma das afirmativas era: "De cada um segundo sua capacidade, para cada um segundo suas necessidades." Cerca de metade da população achou que a afirmativa estava na Constituição. Isso é que é um paraíso para os organizadores! Se esses sentimentos não são gerados e usados, então, os organizadores fracassam.

Com as crescentes e constantes exigências de sua agenda, como consegue conciliar tudo?

Muito mal. Não há como fazê-lo. Há limitações físicas. O dia tem 24 horas. Se você faz uma coisa, está deixando de fazer outra. Não podemos superar o fato de o tempo ser limitado.

Portanto, fazemos escolhas. Talvez mal, talvez bem, mas não existe qualquer algoritmo, qualquer procedimento para nos dar a resposta certa.

Você gosta de trabalhar em algum período especial?

Praticamente o tempo todo.

Você despreza esportes coletivos, argumentando que eles distraem as pessoas e as impedem de prestarem atenção na política. Mas, em janeiro passado, além de saber quais times estavam no Super Bowl, você sabia também o resultado. Está mudando de opinião?

Sempre leio, pelo menos, a primeira página do *New York Times* e lá estavam o nome do vencedor e o placar. Mas é ainda pior que isso. Tenho um neto atleta que, finalmente, me ajudará a realizar um sonho secreto, que é o de ter uma desculpa para ir a um jogo de basquete profissional. Não sei se deveria revelar esse fato, mas será a primeira vez, em quase cinqüenta anos, que irei a um jogo.

Eduardo Galeano

Julho 1999

Eduardo Galeano é um dos escritores, narradores de histórias, jornalistas e historiadores mais conceituados da América Latina. Sua obra clássica é *As veias abertas da América Latina*. Entre outros livros desse autor estão *O livro dos abraços*, *Nós dizemos não* e a premiada trilogia *Memória do fogo*, reeditada no ano passado. Seu livro mais recente, também publicado ano passado, é *Futebol ao sol e à sombra*.

Sob as tonalidades lânguidas e suaves do discurso uruguaio de Galeano, há um intelecto aguçado, infundido com sensibilidade poética, sagacidade mordaz e compromisso com a justiça social. Ele pede desculpas a Shakespeare e a todos os outros anglófonos, por causa do seu inglês, mas, ao ouvi-lo, constato que sua versão criativa e carregada de sotaque, na verdade, fez que eu prestasse ainda mais atenção às suas palavras.

Nascido em Montevidéu, em 1940, ele foi um menino-prodígio. Aos 13 anos, já enviava comentários políticos e quadrinhos a uma publicação socialista local semanal. Depois, foi editor de vários jornais e publicações, entre os quais o diário *La Epoca*. Em 1973, exilou-se na Argentina, onde fundou e editou a revista *Crisis*. Viveu na Espanha de 1976 até 1984 e, depois, voltou ao Uruguai.

Um crítico contundente da mídia e do consumismo, Galeano escreve em *Nós dizemos não*:

> Os meios de comunicação de massa não revelam a realidade; mascaram-na. Não ajudam a gerar mudança; ajudam a evitá-la. Não incentivam a participação democrática; induzem à passividade, à resignação e ao egoísmo. Não geram criatividade; criam consumidores.

Em seu livro Dias e noites de amor e guerra, ele explica por que faz o que faz:

> Escreve-se em conseqüência da necessidade de se comunicar e reunir-se com os outros, para denunciar o que causa dor e compartilhar o que traz felicidade. Escreve-se contra a própria solidão e contra a solidão do outro... Despertar a consciência, revelar a identidade — será que a literatura pode reivindicar melhor função nos dias de hoje?

Galeano conduz os leitores em um passeio pela América Latina — "o continente", como Isabel Allende a descreve, "que aparece no mapa na forma de um coração doente." Seu estilo imaginativo fornece oxigênio a pacientes em todos os hemisférios. Eis a mítica abertura de *Faces e máscaras — Mistério do fogo, Vol. II*:

> O tigre azul esmagará o mundo. Outra terra, sem mal, sem morte, nascerá da destruição dessa. Essa terra assim o quer. Pede para morrer, pede para nascer, essa terra antiga e ofendida. Está cansada e cega de tanto chorar por trás das pálpebras cerradas. À beira da morte, percorre os dias a passos largos, um montão de

tempo inútil, e à noite inspira a piedade das estrelas. Logo, o Primeiro Pai ouvirá as súplicas, a terra que espera para ser outra, e então o tigre azul que dorme sob a rede dele saltará.

Galeano esteve em Santa Fé, no final de abril, para receber o primeiro Prêmio de Liberdade Cultural da Fundação Lannan, no valor de 250 mil dólares. Além disso, três instituições culturais alternativas, escolhidas por Galeano no Uruguai, receberam outros cem mil dólares. A Lannan, uma empresa em rápida ascensão no mundo das fundações, tem uma política progressista, embora sua riqueza venha de um ex-diretor da multinacional ITT (International Telephone and Telegraph). A Lannan chegou às manchetes em março, quando, corajosamente, se ofereceu para cobrir os custos de impressão de um livro infantil bilíngüe *Historia de los Colores: The Story of Colors* (Cinco Puntos Press, 1999), escrito pelo subcomandante Marcos. O patrocínio original do National Endowment for the Arts fora bruscamente cancelado quando se revelou a identidade do autor do livro.

Na recepção, após a cerimônia de premiação, Galeano tentou reduzir a duração da entrevista alegando uma agenda cheia. Eu lhe disse que era para *The Progressive*, e ele cedeu. Isso é que é influência!

⁕

As veias abertas da América Latina vendeu mais de um milhão de cópias e foi traduzido para muitos idiomas. Você o escreveu em três meses, que é um período de tempo excepcionalmente curto. Como você gerou essa explosão de energia?

Café. O verdadeiro autor desse livro foi o café. Eu bebi oceanos de café porque, na época, em 1970, pela manhã, eu trabalhava na universidade em Montevidéu no cargo de editor de publicações universitárias. À tarde, eu trabalhava para editoras privadas, também como editor, reescrevendo e corrigindo livros sobre qualquer assunto que você possa imaginar, por exemplo, a vida sexual dos mosquitos. Depois, de sete ou oito da noite até cinco ou seis da manhã, escrevia *As veias abertas*. Não dormi durante três meses, mas foi uma propaganda para as virtudes do café. Portanto, cuidado com ele, se não quer se tornar um esquerdista.

Qual a razão do poder de permanência do livro?

Masoquismo, talvez. Não consigo entender. O livro dá muitas informações históricas ao leitor não especializado. Não descobri os fatos que relato em *As veias abertas*. Tentei reescrever a história em uma linguagem que pudesse ser entendida por qualquer um. Talvez seja por isso que o livro faz tanto sucesso. No início, não fez nenhum, mas, depois, ele abriu o próprio caminho e continuou prosseguindo e ainda o faz.

Talvez a idéia central do livro, que pode funcionar como uma coluna vertebral, seja a de que não se pode confundir um anão com uma criança. Ambos têm o mesmo tamanho, mas são muito diferentes. Portanto, quando ouvimos todos os tecnocratas falarem sobre os países em desenvolvimento, estão sugerindo que vivemos nos primórdios do capitalismo, afirmativa que não é verdadeira. A América Latina não é uma etapa no caminho para o desenvolvimento. Ela é o resultado do desenvolvimento — o resultado de cinco séculos de história.

Você poderia ter uma vida confortável escrevendo para revistas ou lecionando em universidades, mas há muito tempo resolveu trabalhar a favor dos que não têm direito a voz.

Acho que todos têm esse direito. Todos têm algo a dizer e que merece ser ouvido. Portanto, nunca ostentei essa atitude de me tornar a voz dos que a têm. O problema é que apenas alguns têm o privilégio de ser ouvidos. Não sou mártir, nem herói.

Todos nós temos o direito de conhecer e de nos expressar, o que, hoje em dia, é dificílimo se estivermos obedecendo a ordens de uma ditadura invisível. É a ditadura da palavra, da imagem, da melodia isolada, talvez a mais perigosa de todas as ditaduras, porque age em escala mundial. É uma estrutura internacional de poder que impõe valores universais centrados no consumo e na violência. Ou seja, você é o que possui. Se não possui nada, não é. O direito de ser depende de sua capacidade de compra. A pessoa é definida pelo que possui. É como se você fosse dirigido por seu carro, comprado pelo supermercado, visto pela tela da TV, programado pelo computador. Nós nos tornamos ferramentas de nossas ferramentas.

Existe um fim para esse ciclo?

Se a sociedade de consumo impusesse seus valores ao mundo todo, então o planeta desapareceria. Não podemos bancar isso. Não temos ar, terra ou água suficientes para pagar o preço desse desastre.

O modelo imposto à América Latina não é Amsterdã, Florença ou Bolonha; nessas cidades, os carros não são os donos das ruas. São cidades com bicicletas, transporte público, pedestres, das quais as pessoas sentem-se donas. Cidades que proporcionam um lugar comum. As cidades nasceram da necessidade humana de reunião, em conseqüência de: "Quero encontrar meus amigos. Quero estar com outras pessoas." Hoje, as cidades são lugares onde máquinas encontram máquinas. Nós, humanos, tornamo-nos intrusos.

E com o que queremos parecer? Com Los Angeles, uma cidade onde os carros ocupam muito mais espaço do que as pessoas. Trata-se de um sonho impossível. Não podemos nos tornar outrem. Se o mundo inteiro tiver a mesma quantidade de carros que os EUA, com sua proporção de um carro por habitante, o planeta explodirá. Contaminaremos o ar, a terra, as águas, as almas humanas. Tudo será contaminado.

Quando um presidente latino-americano diz em seu discurso: "Estamos nos tornando parte do Primeiro Mundo", para começo de conversa, ele está mentindo. Em segundo lugar, isso é quase impossível. E em terceiro, ele deveria estar preso porque isso é incitar ao crime. Se dissermos: "Queremos que Montevidéu se transforme em Los Angeles", estaremos fazendo um convite à destruição de Montevidéu.

Há muitas pessoas nos Estados Unidos que, quando pensam na América Latina, imaginam uma praia extensa, um playground, *de Cancun e Acapulco a Copacabana e Mar del Plata. Ou imaginam uma faceta ameaçadora e intimidante: os bandidos do narcotráfico, guerrilhas de esquerda e favelas. Qual a sua opinião da atitude dos Estados Unidos em relação à América Latina?*

Fico perplexo, cada vez que vou aos EUA, com a ignorância de elevada porcentagem da população, que, praticamente, nada sabe sobre a América Latina ou sobre o mundo em geral.

Ela é cega e surda a tudo o que acontece fora das fronteiras de seu país.

Três anos atrás, lecionei na Stanford University. Certa ocasião, eu estava conversando com um antigo professor, um homem culto e educado. Subitamente, ele me perguntou:

— De onde você é?

— Uruguai — respondi.

— Uruguai? — ele disse.

Como eu sabia que ninguém sabe onde é o Uruguai, logo tentei mudar de assunto. Mas ele tranqüilamente disse·

— É, temos feito coisas terríveis por lá.

Subitamente percebi que ele falava sobre a Guatemala, porque o *New York Times* acabara de publicar alguns artigos sobre o envolvimento da CIA naquele país.

— Não, esse é a Guatemala.

— Sim, Guatemala.

Essa ignorância do que está acontecendo fora dos Estados Unidos implica um grau elevado de impunidade. O poder militar pode fazer o que bem entender, porque a população não tem idéia de onde é Kosovo, Iraque, Guatemala ou El Salvador. E ela não tem idéia, por exemplo, de que séculos antes da fundação de Nova York, Bagdá tinha um milhão de habitantes e uma das culturas mais elevadas do mundo.

A mesma coisa é válida para "nossa" América, a outra América — não somos apenas ecos da voz do amo.

Nem a sombra do corpo dele.

Até mesmo as classes dominantes, na América Latina, sonham em se tornar sombras e ecos. Sempre digo que o pior pecado da América Latina é o da estupidez, porque gostamos de olhar para nossa própria caricatura. Por exemplo, quando encontro latino-americanos aqui nos Estados Unidos, dizem: "Agora estou na América." Ah, você agora está na América porque está nos Estados Unidos. Onde estava antes? Na Groenlândia? No Japão? Aceitamos essa visão distorcida de nós mesmos ao olharmos no espelho que nos despreza e ridiculariza.

Você escreve sobre a injustiça da pobreza.

Temos injustiça em grande escala. A diferença — a lacuna — entre ricos e pobres, em aspectos materiais, multiplicou-se nesses trinta anos, desde que escrevi *As veias abertas*.

O relatório mais recente da ONU diz que em 1999, 225 indivíduos possuíam uma fortuna equivalente à quantia total do que metade da humanidade ganha. É uma distribuição muito injusta de pães e de peixes.

Mas, ao mesmo tempo, o mundo iguala-se nos hábitos que impõe. Estamos condenados a aceitar a uniformização global, como se fosse uma mcdonaldização do mundo todo. Trata-se de uma forma de violência contra todos os mundos que o mundo contém. Costumo dizer que rejeito a idéia de ser obrigado a escolher entre duas possibilidades: morrer de fome ou de tédio. Diariamente, praticamos um tipo de massacre de nossa capacidade de diversidade, de termos diversas formas de viver a vida, de comemorar, de comer, de dançar, de sonhar, de beber, de pensar e de sentir — que não percebemos, pois ele é invisível, secreto. É como um arco-íris proibido. Obrigam-nos, cada vez mais, a aceitar um único caminho, que é, em sua maioria, produzido em fábricas dos Estados Unidos.

Você abraçou a política radical ainda muito jovem. Foi influência da família?

Não, foi meu fígado. Talvez eu ainda esteja tentando organizar a indignação. Minha mente, que não é exatamente brilhante, às vezes serve para organizar meus sentimentos, tentar dar sentido a eles, mas o processo vem do sentimento para os pensamentos, e não ao contrário.

Na política, como em tudo o mais, sempre busco uma comunhão; talvez impossível, mas desejável; entre o que penso e o que sinto, que é também uma intenção de desenvolver, de vencer, de conquistar, de descobrir uma linguagem capaz de expressar, de uma só vez, emoções e idéias, linguagem que os colombianos, em pequenas cidades da costa caribenha, chamam de "linguagem do sentir-pensando", Ela é capaz de unir o que foi separado pela cultura dominante, que sempre deixa em pedaços tudo que toca. Há uma linguagem para as idéias e outra para as emoções — o coração e a mente divorciados, bem como o discurso público e o da vida privada. A história e o presente também acabam separados.

Você diz que a história não é uma Bela Adormecida em um museu.

A história oficial é uma Bela Adormecida, às vezes um monstro adormecido, nos museus. Mas creio na memória, não como um ponto de chegada, mas sim de partida, uma catapulta que nos arremessa ao tempo presente, permitindo-nos imaginar o futuro, em vez de o aceitar. Caso contrário, seria impossível para mim ter qualquer vínculo com a História, se ela fosse apenas um conjunto de pessoas, de nomes e de fatos mortos. Por isso escrevi *Memória do fogo* no presente do indicativo, na tentativa de manter vivo tudo que aconteceu e permitir que aconteça de novo assim que o leitor o ler.

A trilogia Memória do fogo *é uma variação dramática da História tradicional. Você usa um amálgama de poesia, de notícias e de erudição. O que o inspirou?*

Nunca aceitei as fronteiras da alma, nem as aceitei na arte de escrever. Na infância, recebi educação católica. Fui treinado a aceitar que o corpo e a alma eram inimigos, que o corpo era a origem do pecado, da culpa, do prazer, infectando a alma como a Bela e a Fera.

Achei dificílimo internalizar essa idéia, essa separação. Sempre notei a contradição entre o que eu sentia dentro de mim e o que eu recebia como verdade revelada, oriunda de Deus. Naquela época, eu acreditava nele e acreditava que ele acreditava em mim; por isso, não foi fácil vivenciar essa contradição.

Quando eu tinha dez ou onze anos, tive uma crise terrível. Entrei em pânico com o sentimento de culpa sobre meu corpo — associado, suponho, ao despertar de minha sexualidade. Para mim, meu corpo era como uma fonte de perdição, que me condenava ao inferno. Agora eu o aceito. Sei perfeitamente que vou para o inferno e estou treinando em países tropicais para aceitar as chamas. Não será tão ruim.

Quando comecei a escrever, percebi que não respeitava a fronteira que separava as monografias e a não-ficção dos outros gêneros como a poesia, contos ou romances.

Detesto ser classificado. Este mundo é obcecado pela classificação. Somos todos tratados como insetos. Deveríamos ter uma etiqueta presa ao corpo. Assim, muitos jornalistas dizem: "Você é um escritor político, certo?" Dê-me o nome de algum escritor na história da humanidade que não seja político. Todos nós somos políticos, mesmo quando desconhecemos esse fato.

Penso que estou violando fronteiras e fico feliz sempre que posso fazê-lo. Suponho que eu deveria trabalhar como contrabandista em vez de escritor, porque essa alegria de violar uma fronteira é, na verdade, a revelação do contrabandista em mim, de um delinqüente.

Recentemente você recebeu um prêmio da Lannan Foundation, oriundo de fundos de um ex-diretor da International Telephone and Telegraph, ITT, uma multinacional que você criticou em sua obra e que figurou com destaque na deposição de Salvador Allende no Chile.

Não recebi o prêmio da ITT. Eu o recebi da Lannan Foundation.

Mas o dinheiro do prêmio veio da empresa.

O percurso entre o céu e o inferno é curto. Que diferença faz se o prêmio foi motivado por uma boa ou má ação?

Em sua opinião, por que os Estados Unidos são uma sociedade tão violenta?

Eu não diria isso. Eles também têm energias de beleza e de democracia. Eu não cairia em minha própria armadilha, dizendo: "Os Estados Unidos são o vilão do mundo." Seria simples demais. A realidade é muito mais complexa.

Há uma cultura de violência, uma cultura militar *impregnando tudo*, marcando, disseminando e permeando tudo que toca. Por exemplo, temos a indústria do entretenimento, que é repleta de violência, oceanos de sangue saindo da TV ou do cinema. Tudo explode o tempo todo — carros, pessoas. É um bombardeio contínuo de tudo. É a velha história: quem nasceu primeiro, o ovo ou a galinha? A indústria do entretenimento diz: "Somos inocentes. O espelho dos filmes ou da TV apenas reflete uma realidade violenta. Nós não a inventamos, ela vem das ruas." Mas nesse círculo, a mídia exerce influência.

Assim, talvez exista um vínculo invisível entre Iugoslávia e Littleton, Colorado. Ambas são expressões da mesma cultura de violência. Faz-se a guerra em nome da paz, e as ações militares são sempre denominadas missões humanitárias. Recebemos doses diárias de violência por meio de notícias, de filmes e nas ruas.

O mundo é um lugar violento. É muito simples condenar os pobres que roubam, seqüestram ou matam. É como condenar viciados em drogas. Mas não é tão fácil encontrar as raízes e condenar o sistema que gera o crime e o uso de drogas. Diariamente, todos comem e bebem muita ansiedade e angústia.

E o papel do Pentágono?

O enorme orçamento militar dos EUA é absurdo. Quem é o inimigo? Parece um filme de bang-bang. Precisa-se de um vilão. Se ele não existir, será preciso inventá-lo. Nos Estados Unidos, os vilões são necessários. Saddam Hussein, de manhã; Milosevic, à tarde. Mas um vilão é sempre necessário. Que triste Deus sem um Satã contra o qual lutar!

Um dos grandes paradoxos neste mundo caótico é que os cinco países com poder de cuidar da paz são também os cinco maiores fabricantes de armas. Quase metade do total de armas no mundo é produzida pelos Estados Unidos, seguidos pela

Grã-Bretanha, pela França, pela Rússia e pela China. São eles que têm o direito de veto no Conselho de Segurança da ONU, que nasceu para trazer paz ao mundo, mas os cinco países, com essa missão de paz sagrada, bela e poética, são também os cinco que administram o negócio da guerra.

O Uruguai faz parte da Assembléia Geral das Nações Unidas, mas essa participação é apenas simbólica, pois pode dar sugestões, mas as decisões são tomadas pelos cinco países que possuem e controlam o mundo.

O século XX foi um século de guerras — mais de cem milhões de mortos. É um número grande, uma multidão. Toda vez que ouço sobre guerras na Iugoslávia, no Iraque, na África e em qualquer outro lugar, sempre faço a mesma pergunta, que continua sem resposta: "Quem está vendendo as armas? Quem está lucrando com essa tragédia humana?" Nunca encontrei uma resposta nos meios de comunicação de massa, e é a principal pergunta que se deve fazer quando se ouve falar em guerra. Quem está vendendo as armas? Os cinco países dominantes que cuidam da paz. É horrível, mas é a realidade.

O que podemos aprender com os povos indígenas?

Muito. Primeiro, a certeza da comunhão com a natureza. Caso contrário, pode-se confundir ecologia com jardinagem. Pode-se confundir a natureza com uma paisagem. A natureza é você, sou eu. Fazemos parte dela; por isso qualquer crime cometido contra ela é um crime contra a humanidade. Mas não concordo com a opinião de que estamos cometendo suicídio, porque eu não estou. Apenas 20% dos seres humanos estão desperdiçando recursos naturais e contaminando a terra; 80% estão sofrendo as conseqüências.

Às vezes, quando os líderes políticos dizem, com a mão no peito: "Nós estamos cometendo suicídio", referem-se a um crime cometido pelas indústrias mais lucrativas do mundo. *Las que más dañan son las que más gañan;* as que mais danificam, são as que mais lucram. E todas são verdes. Quando eu era jovem, verdes eram os vales, *verdes valles*, as piadas, *chistes verdes* e os velhos correndo atrás de garotas, *los viejos verdes*. Agora, todos são verdes. O Banco Mundial é verde, o Fundo Monetário Internacional, a indústria química, a indústria automobilística. Até mesmo a indústria militar é verde — todos são verdes.

É interessante porque, nos séculos XVI e XVII, quando a Europa conquistou a América, muitos índios foram punidos ou queimados vivos, porque cometiam o pecado da idolatria. Adoravam a natureza.

Hoje, o sistema de poder não fala mais da natureza como um obstáculo que deve ser superado para se obter lucro. Conquistar a natureza como algo a ser subjugado — essa era a linguagem antiga. Agora, a nova linguagem fala em proteger a natureza. Mas, em ambos os casos, essa linguagem revela o divórcio. Nós, seres humanos, e a natureza somos distintos.

Deveríamos aprender com a cultura indígena o profundo sentimento de comunhão, algo que Deus deveria incluir nos Dez Mandamentos. Seria o Décimo Primeiro: "Amarás a natureza, da qual fazes parte."

Como você reagiu à queda da União Soviética?

Nunca me identifiquei com o chamado socialismo da União Soviética. Sempre achei que não era socialismo. Foi um exercício de poder burocrático sem vínculo com o povo. O governo agia em nome da população, mas a desprezava —

fazia-lhe homenagem nos discursos e na linguagem oficial, mas a tratava como minoria, a exemplo de crianças ou ovelhas.

Por isso, não pensei que o socialismo estivesse morto quando a União Soviética caiu. O fato de ela ter caído com tanta facilidade foi eloqüente: quase não houve sangue, nem lágrimas, nada. Mas o socialismo não está morto porque ainda não nasceu. Espero que a humanidade talvez o encontre um dia.

A situação atual — do ponto de vista dos países pobres, ou seja, dos arredores do mundo — é muito pior do que antes, porque, com a União Soviética, havia ao menos um certo equilíbrio de poder, que, agora, desapareceu e, por isso, não temos escolha. Diminuíram-se as possibilidades de se agir com um sentimento de independência.

Você pode destacar alguns sinais de esperança?

Há muitos deles dentro dos Estados Unidos, do México e também de outros países. Existem inúmeros movimentos, mas a maioria não tem voz nos meios de comunicação de massa. São mais ou menos secretos, porque agem localmente. Às vezes, são muito pequenos, mas personificam uma resposta, ao buscar um mundo diferente, sem aceitar como seu destino o que está posto. Encaram-no como um desafio. Em toda parte, temos muitos movimentos pequenos lutando pelos direitos humanos, contra a discriminação sexual, contra a injustiça, contra a exploração de menores, preservando e desenvolvendo formas agrícolas que não prejudicam o solo.

Há um movimento popular no México chamado El Barzón. Ninguém o conhece no exterior, mas é importantíssimo. Trata-se de um movimento espontâneo que nasceu da necessidade de resistir às pressões dos bancos mexicanos. No início, o movimento não contava com mais de cem pessoas defendendo suas posses — seus lares, seus negócios, suas fazendas — contra as vorazes forças financeiras. Mas ele cresceu e, agora, há mais de um milhão de pessoas envolvidas. Essas se tornaram tão importantes que, quando uma delegação de El Barzón foi a Washington, foi recebida pelo vice-presidente do Fundo Monetário Internacional. Suponho que esse homem seja tão importante que nem mesmo fala com a esposa, mas ele recebeu o El Barzón.

Muitos movimentos nos dizem que a esperança é possível, que amanhã não é apenas outro nome para hoje.

Você distingue caridade de solidariedade.

Não acredito em caridade; acredito em solidariedade. A caridade é vertical, por isso é humilhante. Ela age de cima para baixo. A solidariedade é horizontal, respeita o próximo e aprende com ele. Tenho muito que aprender com outras pessoas. Aprendo todos os dias. *Soy um curioso.* Sou curioso, sempre absorvendo outras pessoas — sua voz, seus segredos, suas histórias e cores. Roubo suas palavras; talvez devesse ser preso por isso.

Explique o termo abrigar esperanzas.

Uma bela expressão espanhola, *abrigar esperanzas*: abrigar esperanças. A esperança precisa ser *abrigada,* protegida.

Por ser frágil?

Ela é frágil e delicada, mas está viva. Tenho amigos que dizem: "Perdi toda a esperança. Não acredito em nada." Mas continuam vivendo. Como? Espero nunca perder a esperança, mas se isso acontecer e eu tiver a certeza de que nada mais tenho a esperar, nada em que acreditar e que a condição humana está fadada à estupidez e ao crime, então, espero ser honesto comigo mesmo o suficiente para me matar. Obviamente, sei que a condição humana é, ao mesmo tempo, horrível e maravilhosa. *Estamos muy mal hechos, pero no estamos terminados.* Somos muito malfeitos, mas não estamos concluídos.

Edward Said

Abril 1999

Nos últimos doze anos, falei várias vezes com Edward W. Said. Lembro-me da primeira vez que o entrevistei em 1987. Minha ansiedade era grande e não diminuiu quando ele me perguntou, logo no início, se eu tinha alguma boa pergunta para lhe fazer.

Nascido em 1935, em Jerusalém, Palestina, Said freqüentou escolas ali e no Cairo. Obteve o grau de bacharel em Princeton, e o de mestre e PhD em Harvard. Atualmente, é professor na Columbia University e chefe da Associação de Línguas Modernas. Além disso, Said é autor de obras como: *Orientalismo*, *Covering Islam* (Pantheon Books, 1981), *Cultura e Imperialismo*, Representações do Intelectual (Pantheon Books, 1994) *The Politics of Dispossession* (Pantheon Books, 1994), e *Peace and Its Discontents* (Vintage Books, 1996). Seus próximos livros são Fora do lugar (Knopf, 1999), *Reflexão sobre o exílio e outros ensaios* e uma obra sobre ópera. Atualmente, escreve uma coluna para o jornal árabe *al-Hayat* em Londres.

Em suas memórias, diz: "Não consegui viver uma vida descomprometida ou alienada. Por isso, não hesitei em declarar minha filiação a uma causa extremamente impopular."

Em 1967, a guerra entre árabes e israelenses motivou Said a abraçar o ativismo político. Um ano depois, surgiu seu primeiro artigo político, "The Arab Portrayed". Em 1969, quando a Primeira-Ministra israelense Golda Meir fez a famigerada declaração, afirmando que "Não existem palestinos", Said decidiu assumir "o desafio absurdo de desmenti-la, de começar a articular uma história de perda e de privação que tinha de ser destrinchada minuto a minuto, palavra por palavra, de centímetro a centímetro".

Há anos é o principal porta-voz da causa palestina nos Estados Unidos.

"A Palestina", diz ele, "é uma causa ingrata. Nada se ganha em troca ao defendê-la a não ser opróbrio, abuso e ostracismo. Quantos amigos evitam o assunto? Quantos colegas não querem discutir a controvérsia da Palestina? Quantos liberais *bien pensants* têm tempo para a Bósnia, para a Somália, para a África do Sul, para a Nicarágua e para os direitos humanos e civis em toda parte do mundo, mas não para a Palestina e para os palestinos?"

Said paga um preço por se destacar na questão palestina. Ele foi aviltado como "o professor do terror". A Liga de Defesa Judaica o chamou de nazista. Atearam fogo ao seu gabinete em Colúmbia e tanto ele quanto sua família "receberam inúmeras ameaças de morte", escreve.

Por mais de uma década, Said fez parte do Conselho Nacional Palestino, no qual provocou a ira de nacionalistas árabes por defender a "idéia de coexistência entre judeus israelenses e árabes palestinos" e por admitir que "não existia qualquer opção militar". "Além disso, critiquei muito o uso de clichês e de *slogans,* como 'luta armada', que causaram a morte de inocentes e nada fizeram, politicamente, para melhorar a questão palestina."

No início da década de 1990, desde que renunciou ao Conselho, Said tornou-se, publicamente, um dos maiores críticos de Arafat e do suposto processo de paz, além de ser uma voz rara de resistência em meio a toda a euforia quando os Acordos de Oslo foram assinados na Casa Branca em setembro de 1993. Logo entendeu o que Oslo significou e o denominou "um Versalhes palestino".

"Lá estava Clinton, como um imperador romano, trazendo à sua corte imperial dois reis vassalos para que apertassem as mãos", disse ele.

Paralela ao seu ativismo político, está sua enorme contribuição às Ciências Humanas. Com *Orientalismo*, Said transformou a maneira de vermos as representações literárias do Islã, dos árabes e do Oriente Médio. Além disso, explorou o modo como os conhecimentos são usados para defender o poder. *Cultura and imperialismo*, publicado em 1993, e *Orientalismo*, formam a base de sua grande obra cultural.

De certa forma, em seu tempo livre, esse homem renascentista tem tempo para tocar piano e para escrever sobre ópera e sobre música. Ele gosta de citar um poema de Aimé Césaire:

> Mas o trabalho do homem está apenas começando
> E é tarefa dele conquistar toda
> A violência arraigada nos recessos de sua paixão.
> E nenhuma raça detém o monopólio da beleza,
> da inteligência, da força, e existe
> um lugar para todos onde a vitória se reúne.*

A poesia, diga-se de passagem, pode ter-me ajudado na primeira vez em que o entrevistei. Assim que mencionei um dístico de Mahmoud Darwish, o grande poeta palestino contemporâneo, começamos a nos entender. Nos anos que se seguiram,

---

* but the work of a man is only just beginning / and it remains to man to conquer all / violence entrenched in the recesses of his passion. / And no race possesses the monopoly of beauty, / of intelligence, of force, and there / is a place for all at the rendezvous / of victory. (N. do E.)

foram várias entrevistas e *The Pen and the Sword* foi o resultado desses colóquios, uma coletânea publicada em 1994 pela Common Courage Press.

Nos últimos anos, Said luta contra a leucemia. Eu o entrevistei em fevereiro, e falamos sobre a sua saúde, sobre a sua idéia atual de um Estado binacional e sobre suas colaborações culturais com o pianista e maestro Daniel Barenboim.

◦◦◦

No final de 1998, você teve a oportunidade de falar na terra natal de sua mãe, Nazaré, agora situada em Israel. Fiquei sabendo que discursou em um lugar incomum chamado Frank Sinatra Hall. Como foi?

Frank Sinatra era um grande defensor de Israel. Na década de 1970, ele foi persuadido a dar dinheiro para a construção de um prédio em Nazaré, que é uma cidade predominantemente árabe e que tem alguns habitantes judeus, sobretudo na parte alta. A idéia era que o prédio fosse destinado à prática de esportes e que, nesse local, jovens árabes e judeus pudessem reunir-se e jogar basquete. Com o tempo, passaram a alugá-lo para eventos noturnos. Azmi Bishara, o palestino-israelense membro do Knesset, organizou minha visita. Foi meu primeiro encontro público com palestinos de cidadania israelense.

Pediram-me que falasse sobre a história de minhas opiniões políticas e como cheguei às posições que, agora, defendo. Depois, foi um deus-nos-acuda. Podiam fazer qualquer pergunta que desejassem. Fiquei impressionado. Havia um tom e uma linguagem independentes, o que refletia o fato de essas pessoas terem vivenciado uma experiência distinta de todos os outros árabes, ou seja, viviam como palestinos, como membros da minoria palestina, dentro do Estado judeu. Por isso, eram muito mais familiarizados com Israel do que qualquer outro grupo árabe que já enfrentei. A maioria das perguntas era sobre o processo de paz. E, obviamente, todos queriam saber qual era a alternativa para ele, o que era uma pergunta difícil de responder. Mas a idéia principal era despertar o interesse.

Aonde quer que eu vá, percebo uma diferença qualitativa no que diz respeito às gerações. Não tenho a menor dúvida em relação a uma nova coragem e ceticismo — uma curiosidade intelectual — a serem encontrados uniformemente em pessoas que têm, no máximo, quase trinta anos. É completamente distinto de tudo que vi em indivíduos de minha geração e daquela que a sucedeu.

Recentemente, você escreveu um artigo no New York Times Magazine *exigindo um Estado binacional. Por que sua opinião tomou essa direção?*

No ano passado, fui à Cisjordânia, à faixa de Gaza e a Israel cinco vezes — o maior número de visitas desde que deixei a Palestina, no final de 1947. Quanto mais vou, mais impressionado fico com o fato de que os judeus e palestino-israelenses são, irrevogavelmente, entrelaçados. O lugar é tão pequeno, que é quase impossível evitar o outro lado.

Os israelenses empregam os palestinos para construir e expandir os assentamentos na Cisjordânia e na faixa de Gaza. É uma das maiores ironias da história. E os palestinos trabalham em restaurantes em Israel, em cidades como Tel Aviv e Haifa. Obviamente, na Cisjordânia, colonos e palestinos interagem, por meio de antipatia e hostilidade mas, fisicamente, ocupam o mesmo lugar.

Essa situação não pode ser transformada, levando as pessoas de volta a fronteiras ou a estados distintos. O envolvimento de uns com os outros — em grande parte, creio, devido à agressividade com que os israelenses entraram no território palestino e, desde o início, invadiram esse espaço — leva-me a pensar que é preciso estabelecer algum esquema que lhes permita conviverem de modo pacífico.

E esse esquema não deverá originar-se da separação. Não será do modo que o processo de Oslo previu nem da forma de que eu e muitos outros costumávamos falar — ou seja, por meio de partição, por pensarmos que deveria haver dois Estados.

Há outro fato que considero importantíssimo: existe uma geração mais jovem — os palestinos que são cidadãos israelenses — extremamente séria das dificuldades que enfrenta como minoria oprimida e que começa a lutar pelos direitos civis. Curiosamente, essa geração recebe o apoio implícito de israelenses seculares preocupadíssimos com o aumento do poder dos clérigos e com toda a questão de definir as leis do estado por meios religiosos no debate "Quem é judeu?". Um grupo de opinião importante e secular começa a falar sobre coisas como uma constituição — visto que Israel não tem uma — e a idéia de cidadania, o que define indivíduos não por critérios étnicos, mas nacionais. Isso, então, teria que incluir os árabes. Essa situação me impressiona muito. Conversei com grupos de ambos os lados, independentemente e em conjunto. A trajetória é óbvia.

Há, ainda, a realidade demográfica: até o ano 2010, haverá paridade demográfica entre os dois — palestinos e israelenses. Os sul-africanos, em um país vinte vezes maior do que Israel, não conseguiram manter o *apartheid* por muito tempo. E é improvável que um lugar, a exemplo de Israel, cercado de todos os lados por Estados árabes, seja capaz de manter o que, na verdade, é um sistema de *apartheid* para os palestinos.

Assim, ainda que, agora, um Estado binacional pareça uma possibilidade remota e completamente utópica, sem dizer insana para muitos, é a única idéia que permitirá às pessoas conviverem umas com as outras — em vez de se exterminarem.

Sua opinião de inclusão e da proposta de Estado único, na verdade, segue uma das antigas correntes do sionismo.

Como muitos palestinos, li a história de debates dentro do movimento de colonos sionistas. Havia indivíduos de grande calibre como Martin Buber, Judah Magnes, o primeiro presidente da Hebrew University, Hannah Arendt, que perceberam que haveria um confronto se as políticas agressivas de assentamento e o desprezo pelos árabes continuassem. David Ben-Gurion disse: "Não existe exemplo algum na história em que um povo, simplesmente, desista e permita ao outro tomar seu território."

Por isso, eles sabiam que haveria conflito, sobretudo Magnes, que era mesmo um idealista, progressista e também uma personalidade notável. Ele dizia: "Vamos tentar pensar moral e profundamente sobre os árabes. Vamos pensar sobre sua presença, não sobre sua ausência."

Esse espírito encontra-se na obra dos novos historiadores israelenses, que revisaram a narrativa nacional de Israel, reexaminaram o mito de sua independência e descobriram que grande parte dele baseava-se na negação, na eliminação ou na anulação deliberada dos árabes. Nos últimos cinqüenta anos, tudo que Israel fez, obviamente, foi não conseguir segurança para si, pois ela inexiste. Porém, o país mantém um trabalho de contenção que deixa os árabes simplesmente afastados. Com o tempo, isso não funcionará por causa da demografia e do fato de que as pessoas não desistem porque apanham. Continuam ainda com mais obstinação e com mais coragem.

Por isso, existe uma nova onda de opiniões, cuja origem creio vir do sionismo. Não quero dar a impressão de ser negativo nem de criticá-la. Grande parte dela é um debate entre judeus, e não algo que está acontecendo entre palestinos e israelenses, mas dentro do campo judeu ou sionista — como no caso de Magnes, de Arendt e de Buber.

Indivíduos como eu, que, felizmente, não têm de enfrentar as pressões diárias de viver em Israel ou na Palestina, mas têm tempo de refletir a uma certa distância, podem ser relevantes ao buscar discussões e debates com seus oponentes. Há diálogos e conferências freqüentes entre intelectuais palestinos e israelenses, que não visam resolver o problema de modo governamental, como adjunto ao processo de paz — como acontece há anos e não leva a lugar algum.

Trata-se de uma nova discussão, fundamentada em erudição paciente e em trabalho de pesquisa minucioso, não conduzida por indivíduos com ambições políticas, mas, e sobretudo, por aqueles com uma certa posição na comunidade, como acadêmicos e intelectuais. Trata-se de um novo fenômeno. Não creio que tenha recebido destaque nos meios de comunicação de massa, que estão completamente obcecados pelo fracasso do processo de paz.

É evidente que Yasser Arafat não está bem. Ele treme e parece exausto. O que você sabe sobre a saúde dele?

Seus fiéis defensores — um dos quais encontrei na semana passada, pois, por acaso, estávamos no mesmo avião — dizem que ele goza de perfeita saúde e que apenas tem pequenos tremores. Outros, entre os quais um médico que vive em Gaza e o examinou, estão convencidos de que Arafat tem mal de Parkinson. Mas todos que o viram e com quem falei no ano passado dizem que está consideravelmente mais fraco e não tão alerta ou animado quanto antes. Por isso, penso que essa é a verdade. Entretanto, o fato é que ele ainda está no comando de tudo. Assina cada pedacinho de papel, entre os quais solicitações de férias redigidas pelos empregados. Tudo passa pela mesa dele. Arafat ainda é um microgerente e não dá qualquer sinal sério de delegar autoridade. A maioria de seus empregados e, até mesmo, seus ministros falam mal dele, mas nada podem fazer.

Considero importante observar algo que as pessoas talvez não tenham notado: ele é o maior empregador de toda a região, e aí incluo o governo israelense. Sua estrutura administrativa é definida pelo Banco Mundial em 77.000 pessoas. Esse número não inclui o esquema de segurança, que chega a 50.000. Emprega mais de 125.000 pessoas — que, se multiplicarmos por seis ou sete, mais ou menos o número de dependentes de cada chefe de família, totaliza quase um milhão de indivíduos. Esse é um segmento muito improdutivo da economia, mas é responsável pela maior folha de pagamento. Não há investimento sério em infra-estrutura, nada além de cerca de 3%. Em minha opinião, a situação agrava-se a cada dia, principalmente devido aos métodos que usa, ou seja, manter o controle e certificar-se de que não há adversários nem mudanças na estrutura que é, em grande parte, imposta a ele pelos israelenses ou pelos EUA.

Seus livros foram proibidos no domínio de Arafat. Essa situação continua?

Na verdade, é dificílimo saber. Pode-se comprá-los clandestinamente. Para tornar a situação ainda mais irônica e peculiar, um ano depois de os livros terem sido proibidos por ordem do Ministro das Informações, cujo nome estava afixado à ordem, esse mesmo homem enviou-me uma carta perguntando-me se poderíamos fazer um acordo a fim de publicarem meus livros na Cisjordânia. Quem entende? Eu, não.

E em Israel?

Estão disponíveis.

E em outros países árabes?

Depende. Não fiz um levantamento. Estão disponíveis principalmente no Egito e no Líbano. Ouvi dizer que meus livros foram proibidos na Jordânia e em vários outros países do Golfo. No Kuwait e na Arábia Saudita, Cultura e Imperialismo é proibido em árabe, mas é o destino de todos. Estamos falando de autocracias e de déspotas, que vêem algo ofensivo e dizem: "Não podemos ter isso aqui." Por isso, proíbem-no, ou a uma edição de um jornal ou de uma revista. Tudo é muito imprevisível.

Depois de sua visita a Israel, você foi ao Egito. Existe grande interação entre egípcios e palestinos?

O que se percebe entre os palestinos seja dentro de Israel, seja na Cisjordânia ou seja na faixa de Gaza, é um sentimento de insulamento. Não há dúvida de que vivem sob a sombra do poder israelense. O que falta é o contato natural e fácil com o resto do mundo árabe. Não se pode ir a lugar algum do mundo árabe saindo de Israel, da Cisjordânia ou de Gaza, sem passar por um complexo procedimento, que nos faz pensar três ou quatro vezes antes de agirmos: para cruzar a fronteira, precisamos de visto e passamos por inúmeros postos alfandegários. É válido para mim, que tenho passaporte americano, mas o fato de constar nele que nasci em Jerusalém significa que sempre me deixam de lado, aguardando. Sou, automaticamente, suspeito. Por isso, viajar e fazer contato com árabes no mundo árabe é dificílimo.

Pouquíssimos árabes que não sejam palestinos visitam os territórios palestinos e, praticamente, nenhum deles vai a Israel. Um dos temas dos intelectuais radicais e nacionalistas da maioria dos países árabes é a oposição ao que denominam *tatbeea* em árabe, ou seja a "normalização" da vida com Israel e com os países árabes que assinaram a paz formal com ele. Em solidariedade aos palestinos, esses intelectuais recusam-se a ter qualquer vínculo com Israel. O problema é que os palestinos — que tentam construir instituições, universidades, jornais, hospitais — estão isolados da ajuda que precisam de árabes companheiros ou daqueles que dividem a mesma opinião. Médicos árabes do Egito, da Síria, do Líbano ou da Jordânia poderiam ir e ajudar os palestinos a montar hospitais e clínicas. Não o fazem por causa desse posicionamento contra a normalização.

A paz com o Egito e com a Jordânia é uma paz fria: cidadãos comuns, jordanianos ou egípcios, não vão a Israel e não têm qualquer vínculo com os israelenses. Turistas israelenses vão ao Egito e visitam as pirâmides. Mas além disso, há muito pouco no que se refere a interações — intercâmbios entre universidades, associações, empresas e assim por diante — obtidas entre países vizinhos que, em outros aspectos, estão em paz com qualquer outra parte do mundo.

Como os árabes reagem quando você os incentiva a ir à Palestina?

Quando os encontro ou vou aos países árabes, digo-lhes, sobretudo aos egípcios: "Vocês podem ir à Palestina. Podem passar por Israel porque ele e o Egito estão em paz. Podem tirar vantagem disso e ajudá-los, pronunciando-se, passando algum tempo lá, treinando-os."

"Não", respondem, "não podemos permitir que carimbem nosso passaporte. Não iremos à embaixada israelense obter vistos. Não nos sujeitaremos à humilhação de sermos revistados por policiais israelenses na fronteira."

Por um lado, considero esse argumento vagamente plausível, mas, por outro, covarde. Tenho a impressão de que, se deixassem o orgulho de lado, se passassem por uma fronteira ou barreira israelense, fariam o que outros palestinos fazem todos os dias e entenderiam como é a situação.

Além disso, não estariam reconhecendo Israel nem lhe dando crédito algum. Ao contrário, demonstrariam solidariedade para com os palestinos. Por exemplo, enquanto buldôzeres israelenses destroem casas para assentamentos, seria ótimo se houvesse um grande número de egípcios, de jordanianos e de outros ao lado dos palestinos, confrontando essa ameaça diária, minuto a minuto.

Existem outros motivos para os árabes não irem à Palestina?

Não se trata apenas de paroquialismo. Há também uma certa preguiça, uma tendência a sentar e a esperar que alguém faça alguma coisa. Penso que a falta de iniciativa é nossa maior inimiga. Os árabes poderiam ajudar os palestinos e, de fato, lidar com Israel, não como uma entidade fictícia, mas como poder real que, em muitos aspectos, afeta negativamente a vida deles.

Não conheço uma universidade no mundo árabe com um departamento de estudos israelenses e ninguém estuda hebraico. Isso acontece até mesmo em universidades palestinas — onde se pode entender essa atitude como defesa contra esse grande poder que interfere em nossa vida e com o qual não queremos qualquer vínculo. Mas, para mim, a única salvação é enfrentá-lo, aprender o idioma, a exemplo de tantos sociólogos, cientistas políticos, orientalistas e profissionais da inteligência israelenses que dedicam tempo ao estudo da sociedade árabe. Por que não deveríamos estudá-los? É um modo de conhecermos nosso vizinho, nosso inimigo, se é isso que ele é, e uma forma de sair da prisão na qual convém aos israelenses manter os árabes.

Infelizmente, essa passividade, esse provincianismo não se estende apenas a Israel. Presta-se pouquíssima atenção à Índia, ao Japão, à China, às grandes civilizações do resto do mundo. Vá a uma universidade como a de Amã. Posso lhe garantir que não encontrará alguém estudando a África, a América Latina ou o Japão. E essa nossa fraqueza, nosso estado de inércia intelectual, é um indício de que não temos curiosidade sobre as outras regiões do mundo. Temos que nos libertar de nossas algemas mentais, autoconstruídas e olhar para o resto do mundo — de igual para igual. Há excesso de defensiva, de sentimento de injustiça. Isso, em parte, é responsável pela ausência de democracia. Não é apenas o despotismo dos governantes, os estratagemas do imperialismo, os regimes corruptos, nem a polícia secreta. No fim, é a falta de cidadania de nossos intelectuais. O único modo de mudar a situação é cada indivíduo agir, ler, perguntar, enfrentar e libertar-se.

Uma das coisas que você enfatiza é a necessidade de os israelenses reconhecerem o que fizeram ao seu povo, os palestinos. Por que isso é tão importante?

Porque grande parte de nossa história foi omitida. Somos um povo invisível. A força e o poder da narrativa israelense é tal, que depende, quase inteiramente, de uma visão heróica de pioneiros que vieram para o deserto e lidaram não apenas com povos nativos que tinham uma existência definida, viviam em cidades e tinham sociedade própria, mas também com nômades que poderiam ser expulsos. A construção da figura do nômade foi um procedimento muito complexo, mas, certamente, usado pelos sionistas para lidar com nosso povo.

Em Israel, as placas de trânsito são em inglês e em hebraico. Não há nada escrito em árabe. Por isso, se você é árabe e não sabe ler hebraico ou inglês, fica perdido. Isso é proposital, uma forma de isolar 20% da população.

Nas décadas de 1950 e de 1960, a cultura e a educação de cidadãos israelenses tinham exatamente como objetivo construir esse isolamento dos palestinos. É uma idéia dificílima de aceitar — a de que você está ali não porque é uma figura heróica e grandiosa que escapou do Holocausto, mas está ali à custa de outrem que você desalojou, matou ou isolou.

Portanto, parece-me crucial que para atingirem qualquer tipo de normalização real — em que Israel possa fazer parte do Oriente Médio em vez de ser um santuário isolado, preso exclusivamente ao Ocidente, enquanto nega, desdenha e demonstra ignorância em relação aos palestinos — os israelenses precisam ser moral e intelectualmente forçados a confrontar as realidades de sua própria história.

Há um papel a ser desempenhado pelos novos historiadores israelenses, mas acho que também é importante que os palestinos dirijam-se aos israelenses e digam: "Esta é a realidade." Depois de tanto tempo, podemos começar a falar sobre as histórias palestina e israelense em conjunto — histórias separadas que podem ser consideradas interligadas e contrastantes entre si. Sem isso, o Outro será sempre desumanizado, endemoniado, invisível. Precisamos encontrar um caminho.

É aí que o papel da mente, do intelectual e da consciência moral é inevitável. Tem que existir um modo de lidar adequadamente com o Outro e transformá-lo em um lugar, e não em uma ausência de lugar. Por isso, está bem longe da utopia, que significa a inexistência de um lugar. Portanto, é uma colocação do Outro em um espaço e história concretos.

Moshe Dayan fez uma observação famosa em meados da década de 1970. Disse que toda vila e cidade israelense tinham um antigo ocupante árabe. Foi capaz de enxergar isso e expressou sua visão em palavras, mas as gerações subseqüentes desgastaram essa sensibilidade — em parte, pela proximidade com os EUA e pela comunidade da diáspora judaico-americana.

Acho que é relevante para aqueles de nós que se libertaram das dominações do dogma, da ortodoxia e da autoridade dar esses passos e mostrar esses lugares, como eles realmente o são. E é importante para os árabes entenderem, também, que os judeus israelenses não são como os cruzados ou imperialistas que podem ser enviados de volta a algum lugar. Além disso, é importantíssimo para nós insistirmos, como sempre faço, que os israelenses são israelenses, cidadãos de uma sociedade denominada Israel. Não são "judeus", apenas e tão-somente, que podem ser considerados errantes, que podem retornar à Europa. Temos que refutar completamente esse vocabulário de existência transitória e provisória.

Daniel Barenboim é maestro e pianista famoso, que nasceu na Argentina e cresceu como israelense. Você teve algumas interações interessantes com ele. Como o conheceu?

Nós nos conhecemos sete ou oito anos atrás e, curiosamente, nos tornamos muito amigos. Ele viaja muito, e eu também. Às vezes, nossos caminhos se cruzam. Tentamos fazer coisas juntos. Apresentamos debates públicos, não exatamente políticos, porque não somos políticos, mas falamos sobre música, sobre cultura e sobre história. Como músico israelense judeu, ele tem grande interesse pela obra de pessoas como Wagner, que é, pode-se dizer, a negação total dos judeus, mas foi um grande músico. Assim, ele tem interesse no processo pelo qual a cultura e a música trabalham de forma paralela e contraditória ao mesmo tempo. Estamos escrevendo um livro juntos, fundamentado nesse tema.

Mas, como eu, ele também está muito insatisfeito com a ortodoxia dominante em sua comunidade. Não está morando em Israel e, no ano passado, recusou-se a atuar ao lado da Filarmônica de Israel nas comemorações do 50º aniversário do país. É contra a ocupação da Cisjordânia e da faixa de Gaza e fala abertamente sobre um Estado palestino. É um homem de coragem.

A música nos conecta, mas também os fatos biográficos. Ele chegou a Tel Aviv mais ou menos na época em que minha família foi expulsa da Palestina. Recentemente, pela primeira vez, consegui que desse um concerto na principal universidade da Cisjordânia — Bir Zeit —, e ele compareceu. Foi um grande gesto de sua parte.

O concerto foi um sucesso, um dos maiores eventos de minha vida. Foi um ato humano de solidariedade e de amizade. Barenboim ofereceu seus serviços, que só Deus sabe o quanto são onerosos e solicitados em qualquer sala de concertos do mundo. Ocupa o topo da profissão musical como grande pianista e maestro, mas estava lá, simplesmente como um indivíduo, para tocar.

Tudo isso deu, à noite, uma ressonância cultural altamente emocional que todos os presentes sentiram. Zubin Metha estava lá, um grande amigo de Daniel. É o regente da Filarmônica de Israel. É indiano; porém, pró-israelense fanático e nunca tinha ido à Cisjordânia, mas fez-se presente no evento. Lágrimas rolavam por sua face. Foi um acontecimento de importância considerável exatamente por não ser político no sentido explícito. Ninguém ali queria lucrar, ou marcar pontos.

A posição de Barenboim é a de que, se Israel quer continuar existindo, terá que fazê-lo em relações de amizade e de igualdade com árabes e com muçulmanos. Ele está ansioso para aprender árabe. É um homem notável, e não há muitos como ele por aí.

Talvez eu devesse mencionar que ele e Yo-Yo Ma estão participando juntos, neste verão, de um evento em Weimar. Tivemos essa idéia de levar a Weimar músicos talentosos, sobretudo árabes, mas alguns israelenses também, entre 18 e 25 anos de idade, durante cerca de dez dias. Curiosamente, Weimar fica a uma hora de Buchenwald, portanto, há essa história. Além do que, é claro, é a cidade de Goethe, de Schiller e de Wagner, a cúpula da cultura alemã. Assim, a idéia é oferecer aulas com Daniel, com Yo-Yo e com músicos da Ópera de Berlim, da qual Daniel é o regente e, à noite, debates liderados por mim sobre as relações entre cultura, política, história e, sobretudo, música. Aceitamos alguns maravilhosos músicos jovens. O evento promete ser estimulante para todos nós. O bom disso tudo, para mim, é que não há programa. Ninguém assinará uma declaração no final. O que nos interessa é o poder da música, os debates e a cultura para criar um sentimento de igualdade e de companheirismo de outro modo inexistente para nós na angústia e na tensão da vida polarizada do Oriente Médio.

Sua crítica do que é popularmente conhecido como "processo de paz" tem sido incansável desde Oslo, em setembro 1993. Durante anos, a mídia convencional, ao menos nos Estados Unidos, deliberadamente o ignorou. Contudo, há pouco tempo, houve uma intensificação de sua visibilidade — artigos na Newsweek *e no* New York Times, *participações na NPR, PBS e outros. Por quê?*

Acho difícil dizer. Existe uma forma de censura, aqui, nos EUA, que nos marginaliza. Não podemos aparecer nos meios de comunicação de massa convencionais. Mas minha obra é publicada nos países árabes e, também, na Internet. As pessoas a lêem. Quando recebi a solicitação para escrever um artigo para o *New York Times Magazine* sobre minha idéia de uma solução para a paz no Oriente Médio — um Estado binacional para palestinos e israelenses — foi porque um dos editores leu meu trabalho na Internet. Além disso, há o fato de que era óbvio — disse-me ele — que o processo de paz não estava funcionando nem o sionismo. Por essas razões, deram-me atenção.

Mas não creio que seja mais do que um sinal de condescendência. "Queremos ser inclusivos, por isso podemos, muito bem, incluí-lo." Acho que essa é a verdade.

Em geral, o antigo discurso, os velhos clichês e os antigos estereótipos continuam em vigor, intocados pela realidade ou pelos fatos. É surpreendente. Eu estava no Charlie Rose na PBS, e ele não parava de repetir a opinião geral e não me deixava concluir minhas frases. O que eu ia dizer era tão ultrajante, que ele não podia permitir que fosse dito.

Faz oito anos desde que você descobriu que tinha leucemia, durante um exame rotineiro para controle do colesterol. O público deseja saber sobre sua saúde. Como você se sente?

Tive períodos ruins. Nos primeiros três anos, não precisei de qualquer tratamento. De repente, no início da primavera de 1994, comecei o tratamento — primeiro, quimioterapia, e, depois, radioterapia — que resultou em vários tipos de infecção e em conseqüências debilitantes as quais, durante 1997 e 1998, foram muito difíceis para mim. Fiquei doente a maior parte do tempo, perdi muito peso. Tenho um médico indiano maravilhoso que cuida de mim. No decorrer de tudo isso, descobri, para meu espanto, que tenho uma forma raríssima de leucemia, denominada refratária, que resiste à quimioterapia conhecida atualmente. No verão passado, fiz um tratamento experimental de 12 semanas, denominado anticorpo monoclonal, dificílimo de suportar. Eu o fazia três ou quatro vezes por semana. Fiquei nauseado o tempo todo. Felizmente, tenho o que agora chamam de remissão temporária. Não é uma cura. A doença volta, mas, ao menos, ganhei, até agora, seis meses sem grandes tratamentos e com saúde geral boa. Sinto-me bem.

Como dizem em árabe, inshallah, *que você continue conosco por muito tempo.*

Taylor Branch
Maio 1998

Taylor Branch é autor de *Parting the Waters* (Simon & Schuster, 1988), ganhador do prêmio Pulitzer. Seu novo livro, *Pillar of Fire* (Simon & Schuster, 1998), segundo volume da trilogia sobre o movimento de direitos civis, cobre os anos de 1963 a 1965; *At Canaan's Edge* será o terceiro e último volume. Ainda que ele discuta outros vultos históricos, é a Martin Luther King Jr. que ele retorna como ponto de orientação. O dia 4 de abril marcou o trigésimo aniversário do assassinato de Martin Luther King, e Branch continua fascinado por ele. Embora apresente, em detalhes, as fraquezas pessoais de King, Taylor Branch demonstra grande admiração por essa figura histórica.

Branch e sua esposa, Christina Macy, diga-se de passagem, são ligados à família do Presidente. Ele se tornou amigo de Clinton, em 1972, quando ambos se envolveram na campanha presidencial de George McGovern, no Texas. Branch ajudou a escrever os dois discursos de posse de Clinton e atuou como um dos consultores do Presidente, e Macy é quem escreve os discursos de Hillary Rodham Clinton.

Homem de fala mansa, Branch escreve com clareza e dá vida aos seus personagens. Com a publicação de *Pillar*, diz que, agora, "emergiu de quase nove anos passados em uma caverna, pesquisando e escrevendo." Eu o encontrei entre noites de autógrafos e palestras na região de Denver.

※

Você é filho de um tintureiro e cresceu em Atlanta. Como isso o levou à carreira de historiador?

Como criança esquecida crescendo na Atlanta segregada na década de 1950, acho que minha única ligação com o problema racial foi que a maioria dos empregados de meu pai era negra. Eu conhecia todos eles.

Meu pai e seu ajudante, Peter Mitchell, apostavam continuamente nas partidas de beisebol do Atlanta Crackers, que era o time da liga secundária local. Quando eu tinha oito ou nove anos, às vezes, nós três íamos aos jogos. Ao chegarmos ao estádio, Peter era obrigado a se sentar na seção de cor, porque o estádio era segregado. Foi a única vez na minha infância que me lembro de ouvir meu pai — que costumava rir, provocar e brincar com Peter o dia todo — queixar-se da segregação e dizer: "Isso não é certo." Era complicado encontrar um modo de nos reunirmos ao final do jogo.

Meu pai fazia esses comentários, mas não pedia minha opinião. Não me incentivava a falar sobre o assunto, porque era como falar sobre o tempo. Nada havia a fazer, e ele não queria que eu pensasse o contrário.

Peter morreu quando eu tinha cerca de 10 anos. Fui ao funeral dele. Éramos os únicos brancos na igreja e jamais esquecerei aquele dia. As pessoas que recebiam o Espírito Santo estavam sendo levadas para fora da igreja. Tudo aquilo me deixou perplexo. Convidaram meu pai para falar, e ele não conteve as lágrimas. Foi a primeira vez que eu o vi chorar. Por isso, tenho lembranças indeléveis de raça, mas não como uma questão política, e sim como divisão cultural da realidade emocional. Nunca se discutiu o motivo de não termos tido uma relação social mais igual ou diferente quando havia tanta intensidade psicológica.

Você tinha consciência das correntes políticas contrárias em Atlanta naquela época?

Não. Tudo que me interessava era futebol e garotas, até que o movimento pelos direitos civis começou e vi alguns dos manifestantes pela televisão. Então eu disse: "Espere aí. Essas pessoas não acham que esse assunto é como falar do tempo, não se intimidam com essa separação emocional com que todos temem lidar."

Quando eu cursava o ensino médio, vi, pela televisão, cães e mangueiras de água sendo usados contra crianças do ensino fundamental, e aquelas cenas tiveram um profundo efeito em mim. Primeiro porque era incapaz de explicar aqueles acontecimentos e, segundo, porque pude sentir que o que fazia as crianças protestarem era algo fortíssimo. Foi uma tempestade primitiva que não compreendi. Os manifestantes entoavam canções de liberdade, os cães os atacavam e eles prosseguiam. Eram crianças agindo diante não apenas dos cães e dos jatos de água, mas também dos gigantescos policiais calçados com botas de motociclistas.

Aquilo era algo muito forte e atraiu meu interesse. Alguns anos depois, na faculdade, abandonei todas as disciplinas de medicina em favor de estudos políticos para tentar entender a origem daqueles acontecimentos. É o que faço desde então.

Você se lembra de quando tomou consciência da existência de King?

Nunca tive muita curiosidade a respeito dele até 1963 e até acontecerem as manifestações em Birmingham. Lembro-me perfeitamente de onde eu estava quando ele foi morto. Eu e minha mãe estávamos na Universidade da Carolina do Norte, em Chapel Hill. Lyndon Johnson tinha acabado de declarar que não concorreria à presidência. Tínhamos assistido a um simpósio na Carolina sobre a China e sobre o Ocidente. Jesse Helms, o comentarista da TV local, tinha me chamado de comunista por causa desse simpósio. Segundo ele, já sabíamos tudo que precisávamos sobre a China, ou seja, que era um país comunista. Estudiosos do mundo todo participavam do evento ao qual minha mãe tentava demonstrar seu apoio.

Tínhamos terminado aquela semana incrível que começara com a declaração de Johnson de que ia renunciar. Estávamos em um restaurante, apenas para brancos, e o garçom passou correndo, dizendo: "O dr. King levou um tiro em Memphis." Cancelamos a refeição e fomos atrás de mais notícias.

Por que você evoca imagens bíblicas nos títulos de seus livros?

O livro do Êxodo é a maior história de liberdade. É por isso que a maioria das igrejas afro-americanas, como a Ebenezer e a Shiloh, até hoje, tiram seus nomes desses lugares mencionados no Velho Testamento, nas escrituras judaicas, onde se tem a marcha de liberdade das pessoas que deixaram a escravidão. *Pillar of Fire* é o período incandescente quando as pessoas pensam que estão a caminho da Terra Prometida. Porém, acabam no deserto. Quero concluir o terceiro livro na fronteira de Canaã, de onde Moisés avistou a Terra Prometida, mas não chegou até ela.

Parting the Waters termina com um capítulo intitulado "Crossing Over: Nightmares and Dreams." *Você escreve:* "Intrigas acumulavam-se contra King dentro das câmeras secretas do governo federal." *King sabia o que estava acontecendo?*

De uma forma muito superficial. Autoridades do Departamento de Justiça — Burke Marshall, John Doar e outros — eram seus contatos. Não creio que soubessem de tudo o que acontecia no FBI. Sei que não sabiam de tudo, mas estavam cientes de que, para J. Edgar Hoover, King e todo o movimento de direitos civis eram um incômodo, na melhor das hipóteses, e uma ameaça, na pior delas. Além disso, sabiam que, politicamente, Bobby Kennedy e o Presidente estavam indecisos sobre até onde podiam forçar seu eleitorado sulista, porque não acreditavam que um presidente democrata pudesse governar sem o apoio de um Sul democrático e sólido. Trata-se de uma realidade política com a qual temos dificuldade de nos conectar hoje. O governo estava sempre tentando usar essa questão para controlar King: "Não cause mais confusão. Não faça mais manifestações, porque Hoover diz que você é vulnerável."

Na verdade, penso que um dos momentos mais pungentes de *Pillar of Fire* foi quando Bobby Kennedy disse — em sua história oral secreta, que só foi divulgada depois de sua morte — que ele nunca teve uma conversa com Martin Luther King cujo tópico não fosse os comunistas e o que fazer a respeito deles. Isso é uma tragédia. Eis Bobby Kennedy, um vulto histórico, em pleno desenvolvimento de sua compreensão da história, das relações raciais, da paz e de questões internacionais, dizendo que interagia com Martin Luther King, outra figura histórica, confessando que todas as suas conversas eram para tentar controlar o dr. King.

Robert Kennedy parecia vivenciar profundos conflitos. Você escreve que havia uma "contracorrente faustiana no dilema de Kennedy". Que dilema era esse?

Primeiro o de que ele era responsável pelo irmão, que estava sempre metido em encrenca, até mesmo com mulheres. E as mesmas técnicas que J. Edgar Hoover usou para descobrir questões de Martin Luther King, ele usou para os casos do Presidente. Bobby Kennedy precisava da boa vontade de Hoover para proteger o irmão nesse horroroso mundo de chantagem e de política. Além disso, ele precisava proteger o irmão politicamente.

Porém, toda vez que ele o fez, viu-se diante da escolha de usar a proteção de Hoover para si e usar os sulistas para proteger o irmão, mas, para isso, tinha que debilitar o movimento pelos direitos civis. Optou por esse caminho, sentiu-se culpado e tentou fazer alguma coisa para compensar sua decisão, por exemplo, tirar alguém da cadeia ou fazer um gesto de apoio ao dr. King, mas isso lhe causava problemas políticos.

Assim, durante esse período, era um personagem indeciso e confuso. Gosto de escrever sobre isso, mas é um pouco doloroso. Ele era aberto, desprotegido. Não era frio, nem emocionalmente desligado como o irmão, não tinha aquela frieza. Era indeciso.

Você analisa as conseqüências públicas do comportamento privado? Vemos isso com Bill Clinton, JFK e Martin Luther King.

Acho infantil a forma como se debate esse tipo de assunto. Por um lado, diz-se que não há conexão alguma entre a vida privada e a pública. Por outro, diz-se que um deslize na vida privada pode invalidar uma postura pública e o seu significado.

Essa segunda hipótese parece absurda porque vemos deslizes de pessoas de todas as correntes políticas e, se assim fosse, todas elas teriam sido invalidadas, da direita e da esquerda.

Você dá a entender que King sentiu uma certa afinidade com JFK, não necessariamente com Lyndon Johnson.

Acho que King sentia afinidade em relação a Kennedy, porque esse tinha charme e carisma, e aquele, a oratória. Para King, tinham a mesma afinidade com o público. Politicamente, achava que podia lidar com Johnson e, no início, durante o período da Lei dos Direitos Civis, não existia a enorme rusga entre King e Johnson que havia entre King e Kennedy em relação aos comunistas.

O primeiro encontro de King com Johnson foi como uma rajada de ar puro. Falaram apenas sobre como fariam para que a lei fosse aprovada. LBJ disse: "Dr. King, farei tudo que puder." Johnson, às vezes, recebia King em seu gabinete, conversavam e, se fossem interrompidos por uma ligação telefônica, fazia questão de que o interlocutor falasse com o dr. King. Johnson era aberto e agressivo em relação aos direitos civis de um modo que Kennedy nunca fora. Quando King ia ao gabinete de Kennedy, se alguém telefonasse, Kennedy fazia questão de ocultar a presença do dr. King, ao contrário de Johnson.

Cinco dias depois do assassinato de Kennedy, Johnson anuncia que prosseguirá com a tentativa de aprovar a Lei dos Direitos Civis. Menos de oito meses mais tarde, a lei foi aprovada e assinada.

E com um aperto de mãos entre Johnson e Martin Luther King, que fora um parceiro durante todo o processo, embora no período de *lobbying* houvesse elementos no Governo Johnson que dissessem a King: "Não precisa protestar mais. As manifestações nos ferem. Aprovaremos essa lei." King respondia: "Vocês estão enganados. Preciso das manifestações, porque muitos americanos pensam que não precisamos mais da Lei de Direitos Civis." Ele foi a St. Augustine, Flórida, que, segundo ele, era a cidade mais violenta onde trabalhara, apenas para continuar sofrendo o bastante para que as pessoas soubessem que a necessidade da lei ainda existia.

Johnson imprimiu muita energia à questão: "O que faremos sobre a segregação? Pouco me importa a base sulista. Se eu tiver que abrir mão dela em favor da Lei dos Direitos Civis, eu o farei". Ao menos no início, houve uma grande liberação das preocupações mesquinhas com o comunismo, como, por exemplo: "Perderei o Sul?" Esse livro mostra um King político, aliado a Johnson na tomada de decisões. "Como conseguiremos a aprovação dessa lei? Como chegaremos à Lei dos Direitos de Voto?" Há mais elaboração sobre o lado espiritual de King. Suas potencialidades são emocionantes e torna os fatos ainda mais trágicos ao constatarmos que tudo aquilo foi por água abaixo com o Vietnã.

Você escreve que Hoover "odiava" King. Qual a evidência para essa afirmativa?

Está em toda parte, do início ao fim. Nenhuma crítica de King era pequena demais para não elevar ao máximo a atenção de Hoover, mesmo estando ocupadíssimo com a administração de todo o FBI. Hoover e seus agentes ignoravam qualquer coisa nobre ou democrática que King fizesse. Faziam questão de alardear, dentro do FBI, qualquer coisa que interpretassem erroneamente como sórdida, para que servisse como evidência de que King era um oportunista e queria dinheiro. Não havia qualquer calúnia contra King que ficasse fora dos memorandos internos do FBI.

Constantemente, recebiam ameaças de morte endereçadas a Martin Luther King. O ressentimento de Hoover em relação a Luther King era tal, que ordenou que não avisassem King quando houvesse alguma ameaça contra ele. Ou seja, se houvesse uma ameaça de morte contra Roy Wilkins, o FBI encontraria um modo agradável, mas também serviçal, de dizer: "Sr. Wilkins, recebemos uma ameaça contra sua vida. Estamos agindo e tentaremos fazer o possível. Já notificamos a polícia." Se recebessem uma ameaça contra Martin Luther King, as ordens de Hoover eram para não notificá-lo. Era bem vingativo.

Hoover é uma perfeita lição madisoniana* a comprovar que não se deve deixar alguém no governo, no controle desse tipo de poder durante cinqüenta anos, operando uma agência secreta que funciona com informantes e com escutas telefônicas. É a fórmula certa de desastre. Se entendêssemos melhor nossa Constituição, não teríamos feito isso.

Mas os americanos idolatravam J. Edgar Hoover. Ele era mais popular do que Franklin Delano Roosevelt. Em primeiro lugar, deveríamos tomar como alerta que ainda temos tendências monarquistas em nossa psique contra as quais precisamos nos precaver. Em segundo, o FBI não deveria ser usado para fins políticos. Penso que ainda não enfrentamos esse problema no que diz respeito ao FBI.

---

* Referência a James Madison (1751-1836), quarto presidente americano. (N. da T.)

Você dedica grande parte do segundo volume a Malcolm X e à Nação Islâmica. Por quê?

Em parte, porque Malcolm tornou-se um ícone cultural. Tem uma presença incrível no mundo todo, do mesmo nível de Muhammad Ali e do próprio Martin Luther King. Eu não sabia muito sobre ele quando escrevi *Parting the Waters*.

Esse é o período de seu ministério incandescente, quando foi perseguido e morto e, realmente, se tornou alvo da atenção pública. Por isso, ao começar a escrever o livro, eu sabia que queria falar sobre Malcolm X.

Depois, no período em que comecei a pesquisa, ficou claro, em primeiro lugar, que havia uma extraordinária batalha no submundo do crime que era apenas bom jornalismo, ainda que não fosse pública. Porém, em segundo lugar, havia uma certa característica religiosa que, para mim, confere-lhe relevância histórica. Em parte, Malcolm foi morto por tentar sair da Nação Islâmica, que era uma versão bastarda do Islã: um Islã legítimo, democrático, multirracial e, até mesmo, nobre. Essa era sua meta. Afirmo isso porque penso que há muita evidência de que, nos dias de hoje, a meta de Malcolm, pela qual ele morreu, realizou-se. Agora, existem entre dois e três milhões de afro-americanos muçulmanos que pertencem à variedade do islamismo que ele desejava. Na América, há mais seguidores do islamismo do que presbiterianos ou episcopais.

Não vemos esse fenômeno em conseqüência de nossa preocupação com Louis Farrakhan, que representa cerca de um em cada trezentos muçulmanos na América, uma partícula irrelevante, minúscula e desprezível. Ele é o camundongo que nos faz subir na cadeira da cozinha e nos mantém cegos diante do fato de que esse desenvolvimento religioso bastante significativo aconteceu.

Malcolm X criticava King abertamente, denunciando-o como um "Pai Tomás" e ridicularizando seu compromisso com a não-violência. Que tipo de mudança ocorreu no relacionamento deles?

Eles nunca tiveram uma aproximação verdadeira, nem fizeram uma parceria. Encontraram-se apenas uma vez. Enviavam sinais um ao outro continuamente. É óbvio, King não gostava da filosofia separatista da Nação, nem da zombaria à não-violência porque ele a considerava uma ferramenta educativa para a mudança. Além disso, ele pensava que, se o movimento negro abraçasse a violência, talvez fosse bom por um instante, mas perderia sua forma edificante e qualquer potencial educativo. Mas o problema maior era a questão da não-violência. Quase no final do livro, Malcolm foi a Selma, Alabama, pouco antes de ser morto, quando King estava na prisão.

A não-violência era um alvo fácil para Malcolm. Em essência, o que ele dizia era: "Os americanos não são violentos. Seus heróis cinematográficos são Gary Cooper. Há aqueles que dizem: 'Não quero ser violento, mas o serei se necessário'." Ele estava apenas dizendo: "Essa é a medida da distância em relações raciais." Mas, se ele dizia isso no contexto da América, o país se agitava e dizia que ele era fanático e violento.

King dizia que era perfeitamente compreensível que os negros quisessem ser normais, quisessem ser como Gary Cooper, mas que tinham que reconhecer que, se desejassem ser professores na América, ensinar quais deveriam ser os valores da América, teriam que usar a não-violência como ferramenta.

Teriam que estar dispostos a fazer esse sacrifício, do qual Malcolm ressentia-se.

De certa forma, a violência é a conclusão de Pillar of Fire. *LBJ, no final de fevereiro de 1965, envia ao Vietnã as primeiras unidades terrestres, e Malcolm X é assassinado.*

Além disso, Jimmy Lee Jackson foi morto em Selma, Alabama. A campanha de Selma durara dois meses e, a exemplo da de Birmingham contra a segregação, dois anos antes, parecia estar à beira do fracasso. Por causa da reação ao assassinato desse jovem negro pela polícia estadual, em uma passeata pacífica, resolveram fazer a passeata de Selma a Montgomery. Assim, a violência esteve presente e, por isso, aparece na conclusão de meu livro.

O movimento reage à violência contra Jimmy Lee Jackson com um gesto em massa de não-violência que educa, entra para a história e resulta na Lei dos Direito de Voto. As fontes antimovimento no Vietnã reagem à violência com mais violência que, nesse caso, resulta apenas em tragédia. Johnson e o Vietnã ficam lado a lado. No mesmo dia, nós o vemos lidar com o fato de encontrar corpos de trabalhadores, que eram a favor dos direitos civis, mortos durante o Verão da Liberdade [Freedom Summer] e com o episódio no golfo de Tonkin. Então, Bob Moses, durante o funeral de um dos mortos no Verão da Liberdade, levanta-se e diz: "Estamos lutando pela mesma liberdade no Vietnã pela qual James Chaney morreu no Mississippi?"

A ficha particular de Johnson sobre o Vietnã, que não dizia respeito aos melhores e mais brilhantes indivíduos, mudou a história da guerra desse local. Johnson estava ciente de todas as críticas dirigidas àquela guerra. Sabia que não tínhamos boas perspectivas nem muito apoio.

Mas não suportava a idéia de desistir da guerra, porque temia perder o mandato e, pior ainda, correr o risco de ser chamado de "banana". Isso Johnson não podia suportar. Dava essas informações em alguns telefonemas e nas reuniões cujo sigilo foi quebrado.

O popular dr. King está congelado no tempo no Lincoln Memorial em Washington, DC, desde agosto de 1963 com "Eu tenho um sonho." Na minha opinião, o discurso dele na catedral de Riverside, em Nova York, no dia 4 de abril de 1967 foi, sem dúvida, uma transformação notável.

Exatamente um ano antes de ser morto, em 4 de abril de 1968. É óbvio que não foi o primeiro discurso que ele proferiu contra o Vietnã. Na verdade, já em fevereiro de 1965, fazia discursos sobre o Vietnã, mas recuou e disse ter cometido um erro.

O discurso em Riverside foi o primeiro no qual ele declarou que o futuro de seu ministério seria opor-se à guerra do Vietnã, quaisquer que fossem as conseqüências para o movimento de direitos civis, porque, segundo ele, um profeta não pode escolher suas causas. Foi isso que ele disse em particular.

Houve uma gigantesca oposição, dentro do movimento e outra, ainda mais feroz, nos meios de comunicação de massa, no *New York Times* e no *Washington Post*. Eles o criticaram duramente. Porém, em essência, King disse em uma de suas famosas declarações: "Lamento que meu país seja o maior causador de violência no mundo atual." Esse discurso foi um divisor de águas para ele, porque King sabia que, com o sentimento de ódio que nutriam por ele, uniria seus adversários raciais com os seus adversários patrióticos da guerra, o que, receio, culminou em seu assassinato.

Seu pronunciamento desencadeou uma reação nacional imediata. Foi como se todo um organismo político se sentisse invadido por um bacilo e se mobilizasse para combatê-lo. Roy Wilkins o denunciou, bem como o pessoal do movimento e os meios de comunicação de massa nacionais. E, infelizmente, Hoover disse: "Estão vendo? Eu sempre disse que esse cara não prestava. Temos que nos livrar dele." O pronunciamento de King mobilizou o FBI e o governo federal. Johnson, que tinha um lado paranóico, enlouqueceu. Adorava o dr. King ou o odiava. Pelo fato de estar atormentado em relação à guerra do Vietnã, Johnson queria acreditar que havia alguma explicação comunista, nefanda, um bode expiatório, por trás do comportamento do dr. King. Por isso, Johnson também se voltou contra ele. Assim, King foi uma figura extremamente solitária em seu último ano de vida.

Há também a questão das promessas da Grande Sociedade, a Guerra contra a Pobreza sendo sacrificada no altar do Vietnã. King referiu-se a isso como "um embuste cruel". Depois, ele denunciou o trio gigantesco formado pelo racismo, pelo materialismo e pelo militarismo.

Ele fez a mesma coisa no discurso que proferiu ao receber o prêmio Nobel da Paz, mas, infelizmente, ninguém o levou a sério. As pessoas apenas acharam o máximo ele receber o prêmio Nobel. Em toda a sua vida, King não foi levado a sério como pensador. Os intelectuais costumavam tratá-lo com condescendência, como alguém que lera a parte da Bíblia que dizia "ofereça a outra face", um pastor batista que se deixara empolgar com essa passagem das Sagradas Escrituras e acabou criando um movimento antiviolência. Porém, durante toda a sua carreira, fez pronunciamentos proféticos. Essa é uma das razões pelas quais o respeito — além da profundidade de sua experiência — muito mais agora do que quando comecei minha pesquisa, há 15 anos.

Quanto mais estudo King, mais penso que podemos observar, em seus sermões, o quanto se esforçou. Ele sabia que, na vida particular, não era tão bom quanto as pessoas pensavam que fosse. Fez essa afirmação e praticamente disse: "Precisamos remir as nossas falhas em público. Eu talvez não seja perfeito como homem ou no seio de minha família, mas sei que este país tem problemas a resolver e, se eu tiver que dar minha vida para que isso aconteça, eu o farei." Quase vemos uma fornalha ali, uma máquina de tortura, cumprindo uma penitência.

Eqbal Ahmad

Novembro 1998

Eqbal Ahmad, intelectual ativista, nasceu na Índia, provavelmente em 1943. Ele não sabe ao certo. Em 1947, junto com os irmãos, deixou o recém-criado Estado do Paquistão. Na década de 1950, foi para os Estados Unidos estudar em Princeton. Depois, foi para a Argélia, onde trabalhou com Frantz Fanon durante a revolta contra os franceses. Participou ativamente do movimento pelos direitos civis nos Estados Unidos e do movimento contra a Guerra do Vietnã. Em 1971, Ahmad foi processado — juntamente com os irmãos Berrigan e vários outros ativistas — sob a falsa acusação de tentar seqüestrar Henry Kissinger. O caso foi arquivado.

Há muito tempo, Ahmad atua na questão da soberania palestina. Esse trabalho o levou a cultivar grande amizade com Edward Said, que lhe dedicou a sua obra *Cultura e imperialismo*. Além disso, seu envolvimento com a causa palestina chamou a atenção de Yasser Arafat, que o encontrou várias vezes, mas, segundo Ahmad, nunca seguiu suas orientações.

Na década de 1960, Ahmad lecionou em Princeton, na Universidade de Illinois e em Cornell. Depois de proferir, para um grupo de estudantes, uma palestra sobre a Guerra dos Seis Dias entre Israel e os países árabes em 1967, na qual ele argumentou que o conflito era mais complicado do que a mídia o fazia parecer, Ahmad se viu excluído da área acadêmica. "A grande maioria do corpo docente, em Cornell, discordou daquele pronunciamento", disse ele. "No ano seguinte, eu me vi tão isolado que, às vezes, sentava-me a uma mesa para almoçar e um grande número de pessoas formava fila à espera de uma; porém, ninguém sentava-se à minha."

Ahmad deixou Cornell, trabalhou como *free-lance* e ajudou a fundar o Transnational Institute, em Amsterdã, que é afiliado ao Institute for Policy Studies em Washington, D.C. Entre 1982 e 1997, a cada ano, ele lecionou um semestre em Hampshire College, em Amherst, Massachusetts, e ainda retorna a essa instituição como professor emérito.

Porém, agora, passa a maior parte do tempo em Islamabad, Paquistão, onde está tentando fundar uma universidade alternativa. Além disso, Ahmad escreve uma coluna semanal para *Dawn*, o jornal inglês mais antigo do Paquistão. Seu trabalho nesse país consiste, sobretudo, em tentar eliminar as diferenças com a Índia sobre as questões da Caxemira e das armas nucleares. Ambos os países testaram esse tipo de arma em maio e, em setembro, seus Primeiros-Ministros anunciaram a disposição em assinar o Comprehensive Test Ban Treaty (Tratado abrangente de abolição de testes).

A primeira vez que entrevistei Ahmad foi no início da década de 1980, em seu apartamento no Upper West Side de Nova York. Foi memorável. A caminho de casa, pensei: "Puxa, fiz uma grande entrevista!" Mas quando me sentei para ouvi-la, a fita estava em branco. Eu não tinha ligado o gravador. Com considerável constrangimento, expliquei a Ahmad o que acontecera. Ele convidou-me para voltar no dia seguinte para outro colóquio e, dessa vez, apertei a tecla certa.

A presente entrevista é o produto de duas maratonas em seu pequeno apartamento em Amherst. A última delas começou à tarde e terminou às 2h da manhã com a leitura de um poema em urdu. O encontro foi pontuado por duas maravilhosas refeições picantes e por uma caminhada perto de Mount Holyoke.

※

Como você reagiu quando o Paquistão, pouco depois da Índia, testou armas nucleares?

Como cidadão paquistanês, devo dizer que o teste foi um erro desnecessário. Devemos começar a reconhecer que os dirigentes paquistaneses e indianos estão presos a um modo de agir militarista e medieval. Eles são tão modernos quanto os Clintons e Bushes, que consideram o poder em termos de proezas militares. Estamos vivendo em tempos modernos, mas dominados por mentes medievais.

Você acha que o Paquistão tinha escolha?

Claro que sim. Apenas porque a Índia realizou testes nucleares e seus líderes fizeram declarações provocativas, não significa que deveríamos seguir o mesmo caminho. Não acredito em armas nucleares, mas em nos unirmos, e não em competirmos com a Índia na corrida nuclear armamentista.

Qual a sua opinião sobre o argumento de um repórter do New York Times *de que o Paquistão tinha executado um plano antigo de construir "uma bomba islâmica"?*

O repórter está falando sobre Zulfikar Ali Bhutto [o Primeiro-Ministro paquistanês no início da década de 1970], que nunca usou a expressão "uma bomba islâmica". Trata-se de uma citação errônea que surgiu 15 ou 20 anos atrás e continua a espalhar-se. O que Bhuttto realmente disse foi que todo mundo tinha uma bomba. Os judeus, as potências cristãs e a Índia, que, agora, se considera uma potência hindu, estavam desenvolvendo uma bomba. Por que os muçulmanos também não poderiam ter a sua? Bhutto quase mencionou uma bomba islâmica, mas não foi exatamente essa a frase que usou.

Duvido que a bomba paquistanesa seja islâmica. Entre outras coisas, ela não foi circuncidada.

Essa bomba está relacionada ao Paquistão, e não ao Islã. Seu vínculo é com os temores do Paquistão e sua rivalidade com a Índia, mais nada. Se a Índia não tivesse realizado o teste da bomba, em 1974, é provável que o Paquistão nunca tivesse começado a trabalhar na sua. Esses atos são todos infantis, e não de segurança nacional.

O que desencadeou a decisão de a Índia realizar explosões nucleares subterrâneas em maio passado?

A única forma de explicar a decisão de a Índia testar suas armas nucleares é a marca específica de nacionalismo representada pelo BJP [Bharatiya Janata Party], os nacionalistas hindus. Realizaram os testes para se igualar às outras potências nucleares, na expectativa de participar dessa abstração ridícula denominada "clube nuclear". Nem eu nem ninguém entende, com clareza, os privilégios de fazer parte desse clube. Pela lógica, a Índia não deveria ter realizado esses testes, mas ela optou por fazê-los.

Por que você diz que a decisão foi irracional?

Veja: a Índia, depois de mais de trinta anos sem conseguir melhorar as relações com a China após a guerra em 1962, viu essa melhora acontecer rapidamente. Essa foi a maior conquista da política externa indiana nos últimos dez anos, que a liderança do BJP destruiu em um único dia, transformando a China, mais uma vez, em adversário. A Índia não podia se dar ao luxo de uma corrida armamentista contra a China. Seria desastroso para o país, assim como o Paquistão não podia bancar uma corrida armamentista contra a Índia.

Em segundo lugar, esse teste reduziu a projeção do índice de crescimento econômico da Índia de sete para 4%. O de que o país mais precisa, neste momento, é alimentar seus pobres — quatrocentos milhões vivendo abaixo da linha de pobreza. Por que se prejudicaram?

Em terceiro, a Índia tem ambições de ser uma potência regional. Um princípio básico para isso é ter melhores relações com os países vizinhos, mas ela os assustou ao explodir a bomba, além de aumentar a tensão no território. Se houver uma guerra nuclear no sul da Ásia, indianos e paquistaneses não serão os únicos a morrer, pois essa área é uma unidade ecológica. Uma bomba atingiria a todos, porque o vento sopra em todas as direções, e as distâncias são curtas.

Pessoalmente, na juventude, você viu o início das tensões entre o Paquistão e a Índia. Como isso o afetou?

Testemunhar a divisão da Índia causou grande impacto sobre mim, porque o que eu vi, na época, foi a facilidade com que a natureza humana, considerada boa, pode chegar ao barbarismo. Vi o quanto idéias, ideologias e afiliações políticas podem mudar o comportamento humano.

E o assassinato de seu pai?

Esse fato exerceu um papel relevante, porque, além de deixar uma profunda cicatriz em minha infância, fez que eu, de modo inconsciente, absorvesse certas conclusões sobre a vida. Uma delas é a de que as pessoas prezam mais a propriedade do que os laços de amizade ou de sangue. Alguns parentes de meu pai envolveram-se em seu assassinato porque achavam que seus direitos de propriedade estavam sendo ameaçados pela política que ele praticava.

Ele estava envolvido no movimento gandhista?

Sim, ele se envolveu com o Congresso Nacional Indiano e estava dando parte de suas terras aos pobres.

Você estava com seu pai quando ele foi morto?

Dormíamos na mesma cama. Ele tentou me proteger e, é claro, conseguiu. Ainda estou aqui.

Quando você pensa em Gandhi e no movimento para libertar a Índia do domínio colonial, acha que havia alguma maneira de impedir a divisão do país em dois e o derramamento de sangue que se seguiu?

Creio que sim. Quando duas comunidades coexistem durante setecentos anos, é impossível não encontrar maneiras de impedir a separação. Apenas não compreendo por que a liderança da Índia — tanto os muçulmanos quanto os hindus, até mesmo Gandhi — não conseguiu garantir que as duas comunidades, uma hindu e a outra muçulmana, continuassem a viver lado a lado. Havia tensões nesse relacionamento, como as há, sem dúvida, em todos os relacionamentos. Mas, de modo geral, esses dois povos viviam em cooperação um com o outro. Uma civilização surgira e, junto a ela, um novo idioma, o urdu; além disso, uma nova arte, arquitetura, música e poesia também se desenvolveram.

A divisão poderia ter sido evitada, mas apenas se os movimentos indianos antiimperialistas também entendessem a necessidade de se evitar a ideologia do nacionalismo, que é de diferença, e Gandhi é tão responsável pela divisão da Índia quanto qualquer outro, talvez ainda mais. A fim de que Ghandi não seja compreendido como um tipo de comunalista hindu — que é a linha nacionalista paquistanesa contra ele, com a qual não concordo —, eu devo dizer que ele era, sobretudo, um oportunista antiimperialista. Foi essa característica de oportunismo em Gandhi que o levou a buscar uma política espiritualizada e sectária na Índia. Gandhi começou a apossar-se de símbolos hindus, porque pertenciam à maioria da população e, por isso, tinham mais poder, mais força como símbolos mobilizadores. Nesse processo, a comunidade muçulmana ficou assustadíssima, porque suas tradições culturais estavam sendo ignoradas. E Gandhi faria qualquer coisa dentro do contexto de sua filosofia de não-violência para mobilizar as massas.

E o papel da Grã-Bretanha?

A Segunda Guerra Mundial exauriu o autocontrole imperial britânico. Quando a guerra acabou, a Grã-Bretanha envolveu-se friamente em um padrão de posse e, depois, de repente, desistiu. Os britânicos apenas tomaram o cuidado de não renunciar às suas fontes de energia ao controlar obstinadamente as áreas de concentração de recursos energéticos; portanto, na Primeira e na Segunda Guerras Mundiais, chegaram à profunda e respeitosa conclusão acerca da importância do petróleo. Pouco se importavam com lugares como a Índia, pois estavam preocupados com duas coisas: com o petróleo e com os ingleses. Onde quer que houvesse uma grande colônia inglesa, por exemplo, o Quênia, eles mantinham-se firmes. Onde houvesse petróleo, lá estavam os britânicos. Com o resto, eles demonstravam irresponsabilidade.

Em 1946, eu estava com mais ou menos doze anos e tenho essa lembrança vívida de meus irmãos, todos nacionalistas, dizendo que o pior que poderia acontecer seria os ingleses saírem da Índia prematuramente, pois nem mesmo tinham a capacidade de garantir um recuo disciplinado. O que testemunhamos, em 1947, na Índia e, depois, novamente em 1948, no Paquistão, foi uma série de retiradas apressadas, inesperadas, irresponsáveis e, sinceramente, covardes.

Hoje, diz-se que o Paquistão está sendo recolonizado pelas forças da globalização: as empresas multinacionais, o Fundo Monetário Internacional e o Banco Mundial. Você concorda?

Tenho uma dificuldade em relação a esse argumento. Estamos sempre reinventando a roda à qual estamos presos há muito, muito tempo. Na verdade, nunca passamos pelo processo de descolonização. Os britânicos dominaram a Índia com a ajuda de três instituições: o exército, a burocracia e os senhores feudais. O exército e a burocracia tinham ingleses em seu alto comando. Os principais funcionários públicos eram, quase sempre, ingleses. E exatamente abaixo deles havia um grande número de indianos servindo-os. Nossa economia estava vinculada à ocidental. Produzíamos para abastecer a Grã-Bretanha. Comprávamos nossos bens de consumo principalmente da Europa.

Agora, veja o Paquistão nos últimos cinqüenta anos. A situação é exatamente igual. Um exército e uma burocracia treinados pelos ingleses e os mesmos senhores feudais. Compramos quase todos os armamentos da América. Nossa produção própria é mínima. A maioria dos grandes produtos vem de países industrializados. Antes era apenas da Grã-Bretanha. Agora é, sobretudo, da América, além do Japão e da Alemanha. A globalização é apenas o aumento no número de compradores e de vendedores em nossos países. Nada mais mudou. As realidades econômica e política não mudaram. O Paquistão nunca se tornou um país descolonizado. Nunca.

Você estava no Paquistão quando os Estados Unidos bombardearam o Afeganistão e o Sudão. Que impressão você teve?

Os Estados Unidos são uma superpotência que reivindica a função de juiz, de acusador e de algoz. Você não permite isso em seu sistema, nós não o permitimos no nosso. Mas estamos permitindo que aconteça em escala mundial. Por que os Estados Unidos não foram aos foros internacionais e apresentaram as provas que tinham contra bin Laden antes de bombardear o Afeganistão e a fábrica em Cartum? Há evidência crescente de que a fábrica não produzia armas químicas. O acampamento que bombardearam no Afeganistão, e que visitei em 1986, era patrocinado pela CIA. Os Estados Unidos gastaram oito bilhões de dólares na produção dos bin Ladens de nossa era.

O que você quer dizer com isso?

Ele foi socializado pela CIA e treinado pelos americanos para acreditar profundamente que, quando um estrangeiro entra em nosso país, nós nos tornamos violentos. Bin Laden está apenas cumprindo a missão da qual a América o incumbiu. Agora, ele a cumpre contra a América, porque ela, do ponto de vista dele, está ocupando seu país. Só isso. Ele cresceu vendo a Arábia Saudita sendo roubada pelas potências e pelas empresas ocidentais. Assistiu aos príncipes sauditas, esse Estado familiar, entregarem o petróleo dos árabes ao Ocidente. Até 1991, bin Laden tinha apenas uma satisfação: o fato de seu país não ter sido ocupado. Não havia tropas americanas, nem francesas, nem britânicas na Arábia Saudita. Então, até mesmo esse pequeno prazer lhe foi roubado durante a Guerra do Golfo e no período que se seguiu.

Qual é a história do papel da CIA no Afeganistão?

Depois da intervenção da União Soviética no Afeganistão, um ditador fundamentalista islâmico no Paquistão, Zia ul-Haq, apoiou a resistência *mujahideen* com a ajuda da CIA. Assim, o que tínhamos era um grupo de fundamentalistas islâmicos radicais opondo-se ao Império do Mal. Apenas dos EUA, esse grupo recebeu oito bilhões de dólares em armas. Acrescente outros dois bilhões da Arábia Saudita sob incentivo americano. E, além disso, agentes americanos saíram pelo mundo muçulmano recrutando indivíduos para a Guerra Santa (*jihad*) no Afeganistão. Esse fenômeno todo, a *jihad*, como luta armada internacional, não existia no mundo muçulmano desde o século X. O empenho americano o trouxe de volta, revitalizado e pan-islamizado. Os Estados Unidos viram, na guerra no Afeganistão, uma oportunidade de mobilizar o mundo muçulmano contra o comunismo. Por isso, recrutaram *mujahideen* de todo o mundo islâmico. Eu presenciei a chegada de aviões repletos deles — vinham da Argélia, do Sudão, da Arábia Saudita, do Egito, da Jordânia e da Palestina. Trouxeram esses indivíduos, deram-lhes uma ideologia, disseram-lhes que a luta armada era uma virtude e, assim, nasceu toda a idéia de *jihad* como movimento terrorista pan-islâmico internacional.

No Afeganistão, quase todos os militantes do movimento islâmico foram treinados e armados pela CIA. Hoje, o pessoal da CIA diz que esse movimento é uma "retaliação islâmica".

Em sua opinião, por que o Ocidente está tão disposto a tratar o Islã como inimigo?

Depois da guerra fria, o Ocidente não tinha qualquer ameaça viável em torno da qual pudesse organizar suas políticas. Todos os poderes, todas as potências imperialistas — sobretudo as democráticas — não podiam justificar o uso da força apenas com base na ganância. Ninguém acreditaria nisso. Precisavam de duas coisas: de um fantasma e de uma missão. Os britânicos carregavam o fardo do homem branco. Essa era a missão. Primeiro, os americanos tinham o Destino Manifesto e, depois, encontraram a missão de "fazer vigília nos muros da liberdade mundial", na frase ressoante de John F. Kennedy. Cada uma das potências imperialistas tinha o perigo negro, o amarelo e, finalmente, o vermelho contra o qual lutar. Havia um fantasma e uma missão. As pessoas acreditaram.

Neste momento, os Estados Unidos perderam tanto a missão quanto o fantasma. Por isso, a missão apareceu como direitos humanos, o que é estranhíssimo para um país que há quase cem anos apóia a ditadura, primeiro na América Latina e, depois, em todo o mundo. E, em busca da ameaça, os EUA voltaram-se para o mundo islâmico, o mais simples, porque ali o Ocidente encontrou resistência, ou seja, a Argélia, depois Egito, os palestinos e a revolução iraniana. Além disso, uma parte dessa área tem localização estratégica: abriga o petróleo para o Ocidente.

Como você vê o Talibã do Afeganistão?

O Talibã é o grupo mais retrógrado que se pode encontrar. No ano passado, fiquei duas semanas no Afeganistão. Um dia, da casa onde estava hospedado, ouvi tambores e ruídos. Corri para ver o que acontecia. Havia um garoto, de, no máximo, doze anos, com a cabeça raspada e uma corda em torno do pescoço. Atrás dele, um homem batendo lentamente um tambor. Perguntei o que o garoto havia feito e me disseram que ele fora pegado em flagrante. Indaguei o que o garoto fizera e responderam-me que ele brincava com uma bola de tênis.

Fui falar com um dos líderes do Talibã. Ele disse: "Proibimos os garotos de brincarem com bolas, porque elas representam uma tentação para os homens." Portanto, a lógica que os fazia esconderem as mulheres por trás de véus e de paredes era a mesma que os fazia impedir garotos de participarem de jogos. É uma loucura.

Esses indivíduos são contra mulheres, música, vida, e algumas das maiores autoridades dos Estados Unidos os visitam e conversam com eles. A impressão geral, em nossa região, é que os Estados Unidos os apóiam.

Por que os Estados Unidos fariam isso?

Quando a União Soviética desmoronou, suas repúblicas tornaram-se independentes. As da Ásia Central, cuja população majoritária é muçulmana, são, por acaso, ricas em petróleo e em gás, que, outrora, passavam pela União Soviética. Então, tem início um novo jogo: como esses recursos chegarão ao resto do mundo?

Entram em cena as organizações americanas. Texaco, Amoco, Unocal, Delta Oil — todas dirigindo-se à Ásia Central para apossarem-se dos campos de gás e de petróleo. Não querem levar oleodutos ao Irã, porque esse país, neste momento, está boicotado. É inimigo da América. Por isso, o Afeganistão e o Paquistão tornam-se os lugares nos quais se instalam os oleodutos e os gasodutos. Além disso, pode-se deixar os russos de fora. Basta observar a história aqui: o presidente Clinton telefona, pessoalmente, aos presidentes do Uzbequistão, Cazaquistão, Tadjiquistão e Azerbaijão, incitando-os a assinarem contratos de gasodutos e de oleodutos. Além disso, esses têm que passar pelo Afeganistão. Nesse jogo, tanto o Paquistão quanto os EUA têm a tarefa de dizer quem será o transportador mais confiável para garantir a segurança dos oleodutos e, para isso, escolhem o mais violento e, sem dúvida, o mais louco dos grupos fundamentalistas islâmicos — o Talibã.

Nessa situação, a intranqüilidade americana não é quem é fundamentalista ou progressista, quem trata bem as mulheres ou quem as trata mal. A questão é: quem tem mais probabilidade de garantir a segurança do petróleo e do gás.

O que está por trás da ascensão do fundamentalismo não apenas no mundo islâmico, mas também nos Estados Unidos, em Israel e no Sri Lanka? O que dá força a esses movimentos?

Há vários motivos. O primeiro deles é o medo da — e a reação à — homogeneização. A globalização da economia, a redução dos espaços por meio da tecnologia moderna, a força dos meios de comunicação de massa na criação de gostos comuns, ou seja, todo mundo comendo hambúrgueres McDonald's e trajando jeans — tudo isso deixou muitas pessoas pouco à vontade com o que se distancia de seu modo de vida. Esse desconforto é usado por ideólogos de direita para dizerem: "Venham conosco. Nós lhes devolveremos sua antiga religião. Venham conosco. Nós lhes devolveremos suas antigas lembranças e modo de viver." Por isso, os desavisados quase sempre os seguem.

Há um segundo motivo: a decepção com o modernismo, o sentimento de desilusão com a vida da forma como é vivida em nossa era. Ela parece vazia, desprovida de significado. É como se as famílias rompessem e não houvesse substituto para a proximidade, para o conforto e para a segurança da vida familiar. Essas mudanças são oriundas da tecnologia e da expansão dos tentáculos do capitalismo em cada faceta da vida humana. Em muitos aspectos, os publicitários decidem a cor da roupa de baixo que devemos trajar, o tipo de comportamento sexual que devemos ter com nossa esposa ou amante. Depois que isso começa a acontecer, sentimos a perda da autonomia individual e, em sua busca, procuramos alguma forma singular e específica de nos relacionar conosco. O fundamentalismo, a religião antiga e a moderna, todos oferecem essa possibilidade.

Os meios de comunicação de massa que criticam o fundamentalismo parecem ser muito seletivos na escolha dos alvos. E a Arábia Saudita?

Trata-se de uma questão interessantíssima. O governo islâmico da Arábia Saudita é, de longe, o mais fundamentalista na história do mundo islâmico desde o surgimento do Talibã. Até hoje, por exemplo, as mulheres dirigem carros no Irã, mas não podem fazê-lo na Arábia Saudita. Hoje, no Irã, homens e mulheres trabalham juntos em escritórios. Na Arábia Saudita, isso não acontece. É um país muito pior do que o Irã, mas é aliado dos EUA desde 1932, e ninguém o questiona. Mas há muito mais em jogo. Durante a guerra fria, que começou em 1945, os EUA viram os militantes islâmicos como um contrapeso para partidos comunistas do mundo muçulmano.

Você mencionou a revolução iraniana. Há um paralelo entre o Irã na década de 1970, que parecia uma fortaleza americana invulnerável, e a Arábia Saudita na década de 1990?

Penso que foi em 1981 ou em 1982 que um veterano da CIA, que já se aposentara ou estava prestes a fazê-lo, escreveu um artigo interessantíssimo no *Armed Forces Journal*, intitulado "The American Threat to Saudi Arabia" ("A ameaça americana à Arábia Saudita"). Em essência, seu argumento era que as políticas que o governo e as empresas americanas buscavam em nome da ganância transformariam a Arábia Saudita em um modelo do Irã, um Estado totalmente independente e vulnerável à revolução.

Osama bin Laden é um sinal do que virá. Os EUA não têm motivo para permanecer na Arábia Saudita, a não ser a exploração e a ganância. Pelo que sabemos, a Arábia Saudita não está ameaçada de ser invadida por ninguém. Qualquer agressor potencial, por exemplo, Saddam Hussein, já foi destituído de qualquer capacidade de invadi-la. Além disso, em 1991, os americanos demonstraram que são capazes de mobilizar-se contra qualquer ataque a um de seus aliados no Oriente Médio. Portanto, o que justifica uma presença maciça militar e de inteligência americana nos quatro cantos da Arábia Saudita? Há consultores americanos infiltrados em cada ministério. Esse fato cria grande descontentamento no país.

A resposta é dinheiro — dinheiro sob todas as formas. O petróleo dos sauditas é controlado e comercializado por interesses americanos. A riqueza saudita está investida nos EUA e na Europa. Além disso, os sauditas, desde o início da década de 1980, entraram no mercado de armas, e os EUA despejaram quase cem bilhões de dólares em armamentos no país.

O povo saudita ficará insatisfeito, mas essa insatisfação não será apenas dele. Ao contrário do Irã, a Arábia Saudita é um país árabe, parte do mundo árabe. Seu povo é guardião de nossos lugares muçulmanos sagrados e está impossibilitado de protegê-los. No momento, os árabes são um povo extremamente humilhado, frustrado, agredido e insultado. Se analisarmos a situação do ponto de vista dos árabes, temos uma massa de duzentos milhões de pessoas acossadas. Na verdade, o que os une no momento é o sentimento de perda e de humilhação.

Agora, esse povo tem apenas duas opções, segundo a opinião de seus jovens: ou torna-se ativo, luta, morre e recupera a dignidade perdida, as soberanias perdidas, as terras perdidas, ou torna-se escravo. O terrorismo tem sua história. Todos os fenômenos sociais têm raízes históricas, e ninguém está analisando as do terror.

Em sua opinião, qual o futuro de Israel?

A curto prazo, parece brilhante e poderoso. A longo prazo, muito tenebroso. Israel está perdendo a chance de fazer as pazes com seus vizinhos árabes. Durante décadas, as autoridades israelenses falaram sobre o desejo de que o país fosse reconhecido. Agora, cada governo árabe, além da OLP, reconhece o direito de Israel existir. Mas os israelenses continuam tomando as terras palestinas, fazendo assentamentos e ocupando o Líbano e a Síria. Suas políticas convencem os árabes de que, por mais que estejam dispostos a conceder, os israelenses querem a paz a seu modo, ou seja, mais terras e mais humilhação dos árabes. Essa situação não pode perdurar. Israel é um país pequeno, com 5,5 milhões de habitantes. Os árabes são numerosos. No momento, eles estão fracos, desorganizados e desmoralizados. Seus líderes são um bando de vendedores de países. Essa condição não é permanente. Um dia, os árabes se organizarão. Depois, veremos o início de uma outra história, que não será bela. Na verdade, ela me assusta.

O que você acha da OLP e de Yasser Arafat atualmente?

São capangas de Israel. Agora, no auge da violência, os meios de comunicação de massa ocidentais nada dizem sobre eles. De repente, transformaram-se em mocinhos.

A BBC fez um documentário sobre seu retorno à Índia, e há um poema maravilhoso de Faiz Ahmed Faiz que você menciona. Por que você o incluiu?

Não conheço qualquer outro poeta do Terceiro Mundo, além de Faiz, com maior presciência para captar o sentimento de desilusão nos Estados pós-coloniais. Ele escreveu esse poema cerca de seis meses após a independência da Índia e do Paquistão:

> *These tarnished rays, this night-smudged light*
> *This is not that dawn for which,*
> *ravished with freedom,*
> *we had set out in sheer longing for*
> *so sure that somewhere in its desert*
> *the sky harbored a final haven for the stars*
> *and we would find it...*
> *Did the morning breeze ever come?*
> *Where has it gone?*
> *Night weighs us down.*
> *It still weighs us down.*
> *Friends, come away from this false light.*
> *Come, we must search for that promised dawn.*
>
> [Tradução para o inglês de Agha Shahid Ali.]*

Você percorreu uma distância muito longa, em milhas, literal e intelectualmente. Quais são suas considerações sobre sua jornada?

Que opções eu tenho? De modo geral, tive duas alternativas. Eu poderia ter vivido uma existência muito tranqüila,

---

* Esses raios descorados, essa luz noturna maculada / Isso não é a aurora em busca da qual partimos, / Arrebatados pela liberdade, / Envoltos em puro anseio / Certos de que, em algum ponto no deserto, / O céu abrigava um último refúgio para as estrelas / E nós a encontraríamos... / A brisa da manhã veio? / Onde ela está? / A noite nos oprime. / Ela ainda nos oprime. / Amigos, afastem-se dessa falsa luz. / Venham, precisamos procurar a aurora prometida. (N. da T.)

egoísta, monótona e confortável como acadêmico ou executivo comum. Porém, escolhi viver uma vida riquíssima, espiritual e intelectualmente, mas paupérrima materialmente. Mas veja, tenho amigos e alunos também, é claro, de Calcutá a Casablanca, de Argel a São Francisco. Tenho o prazer simples de saber que tentamos mudar o que parecia necessário — fizemos o melhor possível, embora nem sempre tenhamos sido bem-sucedidos, mas, ao menos, tentamos.

Vandana Shiva

Setembro 1997

Vandana Shiva é pura energia criativa e força intelectual. Nascida na Índia em 1952, é uma das vozes mais passionais e eloqüentes do Terceiro Mundo que defende o ambiente, os direitos da mulher e o desenvolvimento sustentável. Dirige a Research Foundation for Science, Technology, and Ecology em Nova Deli. Em 1993, recebeu o Right Livelihood Award, também conhecido como prêmio Nobel alternativo.

Graduada em Física, fez seu PhD sobre os fundamentos da teoria quântica. Abandonou a carreira acadêmica para ser ativista. Solucionar problemas sociais "é tão desafiador quanto solucionar uma equação de partículas elementares em Física". disse ela, "além de ser mais gratificante. Voltarei a trabalhar com Física quando chegar aos sessenta anos e não puder mais me movimentar como faço agora."

Na Índia e em outros países, Shiva apóia organizações cidadãs em sua luta contra a destruição das florestas, contra a construção de represas em grande escala, contra a industrialização da aqüicultura e contra a invasão de empresas multinacionais de agronegócio. Uma das primeiras organizações com as quais se envolveu foi o movimento Chipko, um grupo de mulheres que defendia as florestas com atos de desobediência civil. Na Índia, seu trabalho recente concentra-se na proteção aos direitos dos agricultores em manter seu próprio estoque de sementes.

Ela é inimiga declarada da globalização, que considera a fase mais recente da meta contínua do Norte em subjugar o Sul.

Shiva é editora colaboradora do *Third World Resurgence*, um jornal líder de opinião da Malásia. Entre os vários livros dessa autora estão *Staying Alive* (Zed Books, 1988) e *Monoculturas da Mente*. Seu novo livro é *Biopirataria: pilhagem da natureza e do conhecimento* (2001). Em abril, falei com ela pela primeira vez, em Boulder; depois, em Denver, em junho, durante o Other Economic Summit, evento no qual foi uma das palestrantes convidadas.

Como você se tornou ativista?

De fato, minha formação pessoal é muito incomum para a carreira que escolhi. Jamais conheci alguém que tivesse estudado Física. Cresci nas florestas do Himalaia. Meu pai era guarda florestal, ou seja, quando eu não estava na escola, estava nas florestas com ele. Devo minhas inclinações ecológicas, sobretudo, a esse fato.

Uma motivação especial surgiu quando retornei ao meu lugar favorito, nas montanhas onde meu pai sempre levava a mim e aos meus irmãos, antes de eu ir estudar no Canadá e constatei que o riacho em que eu costumava nadar desaparecera. A floresta, com financiamento do Banco Mundial, transformara-se em uma plantação de maçãs. O lugar inteiro, literalmente, estava transformado.

Uma segunda motivação se deve a um estudo que fiz sobre

silvicultura social. Acabei descobrindo que o Banco Mundial, com vastos subsídios, estava financiando a conversão de terras de cultura em terras para plantio de madeira e para produção de pasta de celulose. Esse estudo criou todo um movimento. Os camponeses e agricultores reagiram arrancando eucaliptos. Em 1981, teve início um debate relevante sobre a silvicultura industrial e foi o primeiro grande desafio a um projeto do Banco Mundial na Índia.

O diretor do instituto onde eu trabalhava desculpou-se em nome dos pesquisadores jovens e entusiasmados quando o Banco Mundial o visitou, porque ele temia que o instituto perdesse as consultorias do banco. Foi naquele dia que decidi seguir minhas idéias e meu coração. Não podia trabalhar para indivíduos que se desculpavam pelo fato de eu seguir minha consciência.

Voltei para casa e fundei a Research Foundation for Science, Technology and Ecology — um nome pomposo para o minúsculo instituto que fundei no estábulo de minha mãe. Meus pais me entregaram recursos da família e disseram: "Coloque-os a serviço do povo." Foi assim que sobrevivi.

Como você se envolveu com o movimento Chipko?*

Os ativistas Chipko sempre foram próximos a minha família, porque meu pai estava entre as autoridades florestais que os apoiaram em questões burocráticas. E eu me envolvi com o movimento Chipko na época estudantil. Ele teve início no vale Alakanana, no sopé da cordilheira do Himalaia. As mulheres protestavam contra a exploração de madeira, que destruía seu

---
* Movimento ecofeminista indiano (N. do E.)

combustível e forragem e era responsável pelo desaparecimento de nascentes de água. Elas tinham que percorrer longas distâncias para buscar água. A situação causava uma ameaça muito direta à vida por causa da ocorrência de deslizamentos de terra e do aumento de enchentes. Na década de 1970, essas mulheres saíam às centenas e aos milhares e diziam: "Vocês terão que nos cortar antes de cortar as árvores." Essas ações espalharam-se pelos vilarejos.

Em 1978, tivemos uma grande enchente. Uma montanha inteira deslizou para o rio Ganges, o que ocasionou a formação de um lago de 6km de extensão e, quando ele estourou, tivemos o transbordamento da bacia do Ganges até Calcutá, onde as casas ficaram cobertas por trinta ou 60 cm de água. Com esse acontecimento, ficou bem claro que os protestos não eram apenas mulheres camponesas analfabetas agindo estupidamente, a impressão que se tinha naquela época. Deli, o governo central, percebeu que o que as mulheres diziam tinha fundamento. Em conseqüência disso, conseguiram proibir a exploração madeireira nas montanhas.

Você escreve que o movimento Chipko era contrário ao paradigma tradicional de um líder carismático.

Sem dúvida. Essa estratégia genial foi criada por mulheres comuns que disseram: "Deteremos a exploração de madeira ao abraçarmos as árvores." E a mensagem espalhou-se de vilarejo em vilarejo, de boca em boca, literalmente. Não havia liderança externa organizada, fazendo esse trabalho. Gente como eu veio apoiar o movimento muito depois de ele ter sido articulado pelas mulheres.

Lembro-me, claramente, de um incidente especial. O governo percebeu que as mulheres estavam ficando poderosíssimas. O *slogan* criado por elas era: "Por que todo esse lucro para as empreiteiras e madeireiras?" Daí, as autoridades pensaram em instalar cooperativas madeireiras compostas por homens locais. Então, o governo ficaria com as receitas. As autoridades disseram: "Vamos montar cooperativas nesse setor e o transformaremos em um setor estatal. Não teremos empreiteiras privadas." Assim, o governo enviou equipes para a exploração de madeira. Em um determinado vilarejo, o líder de uma das equipes era o chefe do lugar, e o protesto contra a exploração de madeira era comandado por sua esposa Bachni Devi. Foi um conflito terrível. As mulheres diziam: "Para nós, trata-se da destruição de nossas florestas. Não importa quem empunha o machado, queremos que as árvores vivam."

No final da década de 1980, você escreveu um livro em colaboração com a socióloga alemã Maria Mies intitulado Ecofeminismo. *Você ainda usa esse termo?*

É um bom termo para distinguir o feminismo ecológico do tipo de feminismo que se tornou extremamente tecnocrata ou, por que não, muito patriarcal.

Vi que algumas mulheres escreveram que a clonagem da ovelha Dolly foi maravilhosa, porque mostrou que as mulheres poderiam ter filhos sem a participação dos homens. Elas nem mesmo entenderam que isso era a dominação máxima das mulheres — de embriões, de óvulos, de corpos — por pouquíssimos homens com capital e com técnicas de controle, que não era liberdade, mas o controle total da mulher pelo homem.

Uma das coisas sobre as quais você fala é stri shakti, *a força das mulheres. Do que se trata?*

Trata-se da força que as mulheres de Chipko têm. É a força que as mulheres do vale Narmada têm quando se posicionam e dizem: "Narmada é nossa *mata* [mãe]. Não deixaremos que aqui construam represas ou que nos desalojem." É o *shakti* nas mulheres que impede que as fazendas de camarão industrializado sejam instaladas nas costas da Índia. Essa surpreendente força de ser capaz de se posicionar com coragem diante do poder total e não ter medo. Isso é *stri shakti*.

Conte-me sobre sua mãe.

Minha mãe foi uma mulher extraordinária. Eu estava limpando alguns baús antigos e encontrei um livro com anotações dela, feitas durante os anos da guerra, na década de 1940. Ela estudava em Lahore, que hoje faz parte do Paquistão, e escreveu que as mulheres poderiam trazer paz ao mundo, que os homens, com todo o seu ego e ganância, criavam toda essa tensão e violência. Eu sempre soube que minha mãe era feminista, muito à frente de seu tempo. Ela nos criou assim, de uma forma que nunca achamos que tínhamos de nos conter porque éramos meninas. Nunca nos pressionou, porque passou a vida livrando-se de pressões. Para o padrão de sua época, ela era muito instruída e estava entre as pouquíssimas mulheres de sua comunidade que se formaram. Era inspetora escolar no Departamento de Educação.

Em 1947, quando ocorreu a divisão entre Índia e Paquistão, foi para a Índia e decidiu abandonar sua carreira de alto prestígio para se tornar agricultora. Dedicou algum tempo à política para construir uma nova Índia e, na década de 1960, saturou-se com a política e escreveu muito sobre a espiritualidade na natureza. Sempre foi uma inspiração para que eu não me sentisse inferior por ter nascido mulher, para que nunca temesse circunstância alguma na vida. Eu nunca a vi temerosa e, mesmo assim, com tudo isso, ela era profundamente compassiva e dizia que quando alguém precisa de nós, temos que estar prontos para atendê-lo.

Você costuma mencionar Mahatma Gandhi. Por que ele é tão importante para você?

Tenho um profundo vínculo com ele, em parte porque minha mãe era gandhista inabalável e fomos criados assim. Quando eu tinha seis anos, e todas as garotas ganhavam vestidos de náilon, eu estava desesperada para ganhar um no meu aniversário. Minha mãe disse: "Posso comprá-lo, mas você prefere — levando em conta a forma como você vive, o que traja e o que come — garantir que o alimento chegue às mãos do tecelão ou garantir que o lucro vá para o banco de um industrial?" Isso passou a ser um referencial para tudo na vida. Na infância, costumávamos usar *khadi* [tecido à mão]. O fato de que ainda vejo tanta beleza no artesanato é porque minha mãe nos ensinou a vê-lo não apenas como produto, mas como incorporação da criatividade e da mão-de-obra humanas.

Meus vínculos com Gandhi agora são políticos, porque não creio que haja outra política existente para nós no final do século XX, um período de totalitarismo vinculado ao mercado. Não há outra forma de se fazer política e de se criar liberdade para o povo sem os instrumentos que Gandhi reavivou. A desobediência civil é uma forma de criar democracia permanente, perene e direta.

Além disso, a idéia de Gandhi de *swadeshi* — a de que as sociedades locais deveriam colocar em uso seus recursos e capacidades para atender suas necessidades como elemento básico da liberdade — torna-se cada vez mais relevante. Não podemos nos dar ao luxo de esquecer que precisamos de autonomia, sobretudo, neste mundo de globalização.

Você escreve muito sobre biodiversidade. O que quer dizer com isso?

De modo geral, a diversidade de todas as formas de vida que nos cercam: as plantas, os animais, os microorganismos, tanto os cultivados quanto os selvagens. Temos um movimento de conservação muito antigo, sobretudo nos Estados Unidos, que se concentra em campanhas para proteger espécies em extinção, como a coruja-pintada e matas virgens, mas, geralmente, é apenas isso. Para mim, a biodiversidade é o espectro todo. A conservação das espécies não está relacionada apenas à conservação das matas, mas também à proteção do sustento do povo mesmo quando se muda a relação dominante que os seres humanos têm com outras espécies. Na Índia, essa questão é econômica, não apenas ecológica.

Como a globalização está afetando a Índia?

As empresas americanas começam a reproduzir sistemas não sustentáveis para forçar a elite da Índia a se tornar consumidora de energia, a exemplo do que aconteceu nos EUA. Isso é globalização: encontrar mercados onde for possível. Se a China tem mercados, corra para lá. Se a Índia é uma economia emergente com milhões de novos consumidores, venda-lhes o Volvo, o carro Cielo, hambúrgueres, Kentucky Fried Chicken e o que for possível. Foram as classes médias que adquiriram a capacidade de ter um carro, um refrigerador. Para elas, existe esse mantra de que o refrigerador da General Electric é melhor do que outro modelo, que o Cielo é mais bonito do que o nosso Ambassador.

Por causa desses novos modelos de carro, os motoristas, nas ruas de Deli, subitamente, passaram a demonstrar uma nova intolerância com as vacas e com os ciclistas. Por isso, pela primeira vez, a vaca, que é sagrada na Índia, que costumava ser um maravilhoso redutor de velocidade, agora incomoda. Pela primeira vez, vejo vacas atropeladas e feridas. Esses caras simplesmente passam e, se a vaca estiver no meio da estrada, não se importam. Não temos condições de ter um carro sagrado no lugar de uma vaca sagrada.

A outra coisa em que se empenham arduamente é tentar fazer que os ciclistas — entre os quais todos os indivíduos que prestam serviços e vendem verduras nas ruas — sejam considerados ilegais porque ficam no caminho de carros velozes. Isso significa roubar a subsistência de milhões de pessoas que são mais ecológicas, que estão ajudando a salvar o clima para todos nós. Espero poder, nos próximos dois meses, trabalhar com alguns desses ciclistas e vendedores que estão sendo considerados ilegais nas ruas de Deli.

Os Estados Unidos, com cerca de 3% da população do mundo, consomem quase 25% dos recursos mundiais. Por que ninguém fala em reestruturar o sistema econômico, os padrões de consumo desse país?

Amory Lovins disse que a única razão de os americanos aparentarem eficiência é que cada um deles tem trezentos escravos de energia, que, agora, serão reproduzidos entre a elite da Índia.

As famílias e as crianças mais pobres subsidiam o crescimento das maiores empresas de agronegócio do mundo. Acho que é hora de reconhecermos que, no livre comércio, o pequeno agricultor, que é pobre, acaba tendo de pagar *royalties* às Monsantos do mundo. Não que a Monsanto esteja ganhando dinheiro do nada. Ela ganha dinheiro coagindo e, literalmente, forçando as pessoas a pagarem pelo que, antes, era gratuito. Por exemplo, a água. Nunca pagamos por água potável. O Banco Mundial diz que a razão do uso errôneo da água é o fato de ela nunca ter sido comercializada. Mas a razão desse uso incorreto é seu desperdício pelos grandes usuários, ou seja, as indústrias que a poluíram.

Hoje, a ordem é que as pessoas que não têm dinheiro suficiente para comprar alimentos devem acabar pagando pela água potável que consomem. Essa situação vai gerar mais trabalho infantil e maior exploração de mulheres. Teremos uma economia exploradora, pois a base da subsistência torna-se fonte de acúmulo de capital e de crescimento empresarial. De fato, o presidente da Coca-Cola na Índia declarou: "Nosso maior mercado na Índia vem do fato de que não existe mais água potável. O povo terá que comprar Coca-Cola." Algo está muito errado quando a população não tem acesso à água potável, e a Coca-Cola cria seu mercado a partir dessa escassez.

Tudo foi privatizado: as sementes, as plantas medicinais, a água e a terra. Todas as reformas agrárias na Índia estão sendo desfeitas pela liberalização comercial. Denomino essa situação "anti-reforma da reforma".

Você citou a Monsanto, uma grande empresa multinacional com sede nos EUA, e escreve que "a soja e o algodão agora são monopólios dessa empresa". Como isso aconteceu?

Se você ler os relatórios de Wall Street, eles não dizem que a soja originou-se na China. Não falam da soja como soja. Falam da soja Monsanto, que é protegida por uma patente com número. Portanto, ela é tratada como criação da Monsanto, um produto da inovação e da inteligência dessa empresa.

A Monsanto faz os agricultores assinarem um contrato com a soja *Roundup Ready*, geneticamente manipulada para suportar doses elevadas de herbicida, permitindo, assim, o maior uso de Roundup pelos agricultores. Ela é projetada para reduzir o uso de produtos químicos, mas aumenta o uso de Roundup. A Monsanto fez isso porque a patente do Roundup, o herbicida, perde a validade em alguns anos e é o produto que a empresa mais vende — um bilhão de dólares por ano. Os agricultores não podem usar qualquer outro produto químico. A Monsanto pode ir e investigar as fazendas três anos depois do plantio para ver se os agricultores guardaram as sementes — mesmo que apenas uma em casa — o que é considerado crime por infringir o direito de propriedade da empresa.

O tipo de capitalismo que vemos hoje, sob essa expansão de propriedade em recursos vivos, é uma fase totalmente nova e diferente, e é incoerente com a democracia e com a sustentabilidade. O que temos é o capital agindo em escala global, totalmente desarraigado, sem prestar contas e sem responsabilidade em lugar algum, mas com direitos em toda parte. Esse novo capital, com absoluta liberdade e total irresponsabilidade, é, em sua estrutura, contra a vida e contra a liberdade.

Uma maioria nos Estados Unidos opôs-se ao NAFTA [Acordo de Livre Comércio da América do Norte] e ao GATT [Acordo Geral sobre Tarifas e Comércio]. Mas essa oposição não impediu a realização desses acordos. Por quê?

Trata-se da crise mais significativa do mundo atual. Atingimos um estágio em que os governos e os processos políticos foram seqüestrados pelo mundo empresarial. As empresas podem influenciar a votação no Congresso americano em um prazo de cinco horas, bem como todos os padrões de votação do parlamento indiano. Pessoas comuns, que colocam o governo no poder, talvez desejem seguir um outro caminho. Denomino esse fenômeno Estado invertido, por meio do qual o estado deixa de prestar contas ao povo para servir apenas aos interesses das empresas.

A frase preferida dos governos é: "entrar em forma". Mas os interesses empresariais os deixaram muito, muito obesos. Veja como o tamanho de seu Departamento de Patentes está aumentando. É um braço do governo. Não está mais magro. Mas, para proteger as empresas, o governo está cada vez maior, em todas as partes do mundo. Porém, ele fica cada vez mais magro para proteger a população.

O GATT é a réplica da Bula Papal [o decreto de 1493 que legitimou a conquista européia do mundo]. Renato Ruggiero, Diretor-Geral da Organização Mundial de Comércio, que se originou do GATT, disse que esse é a constituição mundial. O mais interessante é que as pessoas não participaram da elaboração desse texto. Você quer uma constituição mundial, cuja referência única e medida seja isentar o capital e o comércio de quaisquer limites, sejam eles a responsabilidade social, sejam os direitos dos trabalhadores, sejam as restrições sobre a exploração de recursos, seja a eliminação de toxinas? E o tratado de livre-comércio que temos visa à aniquilação da vida no planeta, o que ocorrerá se não agirmos rapidamente para mudar os termos da política e da economia no mundo.

O slogan "Pense globalmente, aja localmente" não é suficiente para você. Por quê?

É preciso pensar e agir local, nacional e globalmente o tempo todo. É por isso que atravesso oceanos, perco vôos e sento-me em aeroportos — pela simples razão de acreditar que o único modo de domar a globalização é por meio de um novo internacionalismo que recupera o local e o nacional.

Tem-se a impressão de que você se diverte muito, ainda que mantenha uma agenda exaustiva.

Sem dúvida. Mesmo quando estou lutando, divirto-me por dois motivos: penso que não existe algo mais gratificante do que proteger aquilo que consideramos precioso. Para mim, lutar pelos direitos da população, proteger a natureza e a diversidade são lembretes constantes do que é mais valioso na vida. Isso é revigorante. Mas, honestamente, também me emociono ao me defrontar com esses figurões e reconhecer como são tão vazios, apesar de possuírem tanto poder. Por isso, prossigo. Cada um desses manda-chuvas, como os balões, esvazia. Na minha vida, já vi muitos deles se esvaziarem.

Howard Zinn

Julho 1997

Howard Zinn é o modelo do acadêmico ativista. Sua obra clássica *A People's History of the United States* (HarperCollins, 1980) vendeu mais de meio milhão de exemplares e é amplamente usada em salas de aula de faculdades e de universidades. Há um projeto em andamento para transformar o livro em uma série para a TV.

Zinn cresceu em uma família de imigrantes pobres, consciente da divisão de classes sociais. "Estávamos sempre", recorda, "um passo à frente do senhorio." Não havia revistas nem livros em casa, e o primeiro deles que se recorda de ter lido foi *Tarzan and the Jewels of Opar*. Ele o encontrou na rua, e as dez primeiras páginas tinham sido arrancadas. Mas isso não fazia qualquer diferença. Quando seus pais descobriram seu interesse por livros, aproveitaram a oferta de um jornal e encomendaram a obra completa de Charles Dickens. Mais tarde, deram-lhe uma máquina de escrever usada, uma Underwood nº 5. O resto da história todos conhecem.

Embora tenha um PhD da Columbia University, Zinn ficou sabendo do massacre Ludlow, no Colorado, apenas quando ouviu uma canção de Woody Guthrie sobre o acontecimento. Essa lacuna em sua educação o ensinou muito sobre o que é incluído e excluído dos livros convencionais.

Zinn é um escavador e restaurador de lembranças e recupera aspectos ocultos e valiosos do passado. As lições nos informam e nos inspiram à ação social.

Além disso, tem grande interesse pelas artes. Sua peça, *Emma*, sobre a vida de Emma Goldman, foi encenada em Boston, em Londres, em Edimburgo e em Tóquio. A mais recente é *Marx in Soho*.

Aos 75 anos, Zinn continua ativo. Professor emérito da Universidade de Boston, é um palestrante solicitado em todo o país. Mas, de modo característico, não fala apenas — atua também. Recentemente, foi preso em Everett, Massachusetts, por apoiar operárias salvadorenhas de uma fábrica de cortinas.

Zinn é uma das figuras mais queridas no movimento progressista. E é a prova de que se pode ser radical e ter senso de humor. Falei com ele nos escritórios do Harvard Trade Union Program em Cambridge.

Em suas memórias, você cita um incidente em Times Square que teve grande impacto político sobre você.

Eu era um garoto de 17 anos, que morava nas favelas de Brooklyn. No mesmo quarteirão, viviam jovens comunistas mais velhos do que eu e que pareciam ser, politicamente, sofisticados. Nunca tinha participado de uma passeata, e pediram que eu fosse a uma em Times Square. Achei que seria interessantíssimo e os acompanhei.

A impressão era a de que nada estava acontecendo, mas meu amigo disse para eu esperar. O relógio no prédio do *New York Times* marcava dez. Subitamente, bandeiras desfraldaram-se ao meu redor, e as pessoas começaram a seguir em passeata pela rua. Foi muito interessante. Eu sequer sabia ao certo sobre o que era a manifestação, tinha apenas a vaga idéia de que era contra a guerra.

Em determinado momento, havia duas mulheres à nossa frente, portando bandeiras. Isso foi antes da era da conscientização feminista, mesmo entre os esquerdistas. Meus amigos disseram: "Não devemos deixá-las carregarem isso. Você pega de lá, e eu, de cá." Foi como Charlie Chaplin, segurando aquela bandeira vermelha, de sinalização ferroviária e, de repente, havia um exército de desempregados caminhando atrás dele.

Então, ouvi sirenes. Pensei que havia algum incêndio por perto, mas não. A polícia montada chegou, incitando os cavalos contra a multidão e espancando os manifestantes. Foi uma cena violenta. Antes de eu perceber, agarraram-me pelos ombros, bateram em mim e caí inconsciente.

Acordei diante de uma porta, não sei quanto tempo depois. Times Square era a mesma de antes, sinistra, como se nada tivesse acontecido. Meu amigo desaparecera, a manifestação terminara. A polícia não estava mais lá.

Eu não estava só com a cabeça ferida, mas também com mágoa em relação ao nosso país. Tudo o que os radicais diziam era verdade. O Estado não é neutro: fica ao lado dos poderosos; realmente não existe liberdade alguma de expressão neste país para os radicais. Tomei consciência disso porque aquelas pessoas faziam uma manifestação pacífica, supostamente protegidas pela constituição e — zoom! — a polícia aparece, bate em cabeças e acaba com o evento.

O título de suas memórias é You Can't Be Neutral on a Moving Train*. *Por que o escolheu?*

Para confundir as pessoas e para que todos que me apresentem no início de uma palestra entendam tudo errado, por exemplo, *You Can't Be Training in a Neutral Place**. O título veio de minha prática em sala de aula, pois eu começava as aulas explicando aos alunos — a quem eu não queria enganar — que eu tomaria posição em todos os assuntos. Eles ficariam sabendo meu ponto de vista, o curso não seria neutro. Meu objetivo era dizer aos alunos que era impossível ser neutro. *You Can't Be Neutral on a Moving Train* significa que o mundo já está seguindo determinadas direções. As coisas já estão acontecendo. As guerras, também. Há crianças passando fome. Em um mundo assim — já seguindo certas direções, quase sempre terríveis — ser neutro ou apenas observar os fatos é colaborar com os acontecimentos. Eu não queria ser um colaborador nem convidaria meus alunos a sê-lo.

O seu trabalho no Spelman College, em Atlanta, foi uma experiência radical para você? Presumo que vivia em um bairro negro próximo à faculdade.

De fato, no primeiro ano, 1956, vivemos em um bairro de classe média branca nos arredores de Atlanta, que foi uma experiência interessante. Não estávamos muito longe de Stone Mountain, que é um lugar de reunião da Ku Klux Klan. Um dos primeiros acontecimentos, quando estávamos lá foi que

---

* Não se pode ser neutro em um trem em movimento. (N. da T.)
** Não se pode fazer treinamento em um lugar neutro. (N. da T.)

ouvimos muito barulho. Saímos para ver o que era. Havia uma rua principal à distância de um quarteirão de nossa casa e um desfile de gente com capuzes brancos, KKK, dirigindo-se a Stone Mountain.

Mudamo-nos para o *campus* do Spelman College, que era cercado por uma comunidade negra e ali vivemos seis anos. Provavelmente, naquela época, no Spelman College, tive o aprendizado mais intenso de minha vida. Aquilo é que foi mudança social; eu podia vê-la acontecendo ao meu redor. Escrevia sobre ela, observando-a e dela participando. Meus alunos no Spelman College — sobretudo as jovens negras — estavam sendo treinados para assumir uma posição obediente na sociedade segregada, para servir chá, usar luvas brancas, ir à igreja e voltar para casa.

Então, de repente, eu os vi romperem com essa situação depois de assistirem aos protestos organizados em Greensboro, em Rock Hill e em Nashville, reunindo-se e planejando as primeiras manifestações na primavera de 1960, em Atlanta.

Foi notável — esse crescimento de coragem e ser preso, ir para a cadeia. Vi meus alunos literalmente saltando o muro de pedra que cercava o *campus* do Spelman College para fazerem o que não deveriam.

Vi Marian Wright Edelman, minha aluna no Spelman, ser presa. Sua foto apareceu nos jornais no dia seguinte, mostrando a dedicada aluna do Spelman atrás das grades, lendo um livro que trouxera consigo para não deixar que os estudos atrasassem.

Participei de protestos e testemunhei a atmosfera que nos cercava na loja de departamentos Rich, subitamente, mudar de cordial para hostil, quando quatro de nós — dois negros e dois brancos, minha mulher e eu e dois alunos negros do Spelman — nos sentamos no balcão de refeições. Foi como se uma bomba tivesse sido jogada ou uma praga tivesse sido espalhada pelo local. As pessoas ao nosso redor gritavam e praguejavam. Tive a vaga idéia do que é ser negro e passar a vida toda submetido ao fato de que, se sair da linha, um centímetro que seja, será cercado por pessoas ameaçadoras e enfurecidas.

Naquela época, vi o Sul mudar, com brancos sulistas se acostumando e aceitando a idéia de que a região seria transformada.

Também aprendi muito sobre o magistério. Aprendi que o mais importante na docência não é o que fazemos na sala de aula, mas fora dela. O professor sai da sala de aula, leva os alunos consigo ou faz que eles o levem, porque é comum eles saírem primeiro e o professor dizer: "Não posso ficar para trás. Sou professor deles, tenho que acompanhá-los." E aprendemos que a melhor maneira de ensinar faz esse vínculo entre a ação social e o aprendizado teórico nos livros.

Sente saudades de lecionar?

Sinto falta da sala de aula e do encontro com os alunos. Mas não estou completamente afastado disso, porque, agora, que não leciono mais, pelo menos de modo convencional, ainda viajo por todo o país e falo a grupos de jovens e, de certa forma, leciono. Adoro proferir palestras para alunos do ensino médio. Conseqüentemente, não sinto saudades do magistério tanto quanto sentiria se me aposentasse apenas para jogar tênis.

Em sua opinião, por que muitos de seus colegas querem apenas se ocupar com a vida acadêmica, produzir artigos e trabalhos em série e participar de conferências? Não estou dizendo que isso não tem valor, mas quando se trata de "participar", de envolver-se com o que acontece nas ruas, na sociedade, eles não acham que esse envolvimento seja adequado.

Em nossa sociedade, há uma forte inclinação para a segurança. Todos são vulneráveis, porque fazemos parte de uma hierarquia de poder. A menos que estejamos no topo, que sejamos bilionários, que sejamos o Presidente dos Estados Unidos, a menos que sejamos o chefe — e pouquíssimos de nós somos — pertencemos a um nível inferior da hierarquia de poder. Se alguém o tem sobre nós, ele tem a força de nos demitir, de não aumentar nosso salário, de nos punir de algum modo.

Aqui, neste país rico, tão orgulhoso de seu sistema econômico, a coisa mais definida que se pode dizer é que todos são inseguros e ansiosos. Mesmo os que estão se dando bem estão assim, pois acham que algo vai lhes acontecer. Na verdade, os que estão se saindo razoavelmente bem, a classe média, estão mais ansiosos do que os que estão na camada inferior, porque esses sabem o que esperar. O mundo acadêmico tem sua cultura especial de conformismo e de profissionalismo. Ser profissional significa não se comprometer.

Não é profissional o professor que participa ou convida alunos a participar de piquetes. É falta de profissionalismo do professor dizer aos alunos: "Vejam, em vez de lhes dar uma prova final com questões de múltipla escolha sobre quem era o Presidente durante a Guerra do México, sua tarefa é ir à comunidade e trabalhar com qualquer organização com a qual simpatizem e, depois, fazer um relatório sobre isso."

E assim, você acabaria se sobressaindo, se destacando se as coisas que escreve não fossem apenas para publicações acadêmicas, mas para todos. Sem dúvida, o material escrito para publicações acadêmicas é, deliberadamente, redigido para que pouquíssimos possam entendê-lo. Por isso, quando escrevemos obras que o indivíduo comum é capaz de ler, somos suspeitos. Dirão que não somos acadêmicos, que somos jornalistas. Ou que não somos acadêmicos, somos propagandistas, porque temos um ponto de vista. Obviamente, artigos acadêmicos têm um ponto de vista, uma proposta, mas talvez nem saibam disso. Essa proposta é a obediência, o silêncio, a segurança. Essa pauta é: "Não promova mudanças."

Você notou alguma alteração em sua profissão — a História?

Sem dúvida, houve mudanças. Não suficientes para dizer que o ensino de História mudou, mas alterações suficientes para alarmar a direita neste país, a Legião Americana, os senadores, Lynne Cheney, Robert Dole, Robert William Bennett, Gertrude Himmelfarb e todas as pessoas que se apegam à antiga história.

A história de Colombo agora é diferente não na maioria das escolas do país, mas em milhares delas. Isso é alarmante. O quê? Crianças começarão a pensar em Colombo não apenas como um simples aventureiro, mas como um predador, um seqüestrador, um escravizador, um torturador, um indivíduo mau e que, talvez, a conquista e a expansão não sejam coisas boas e que a busca pelo ouro não é positiva? Crianças, alegrem-se! Encontrou-se o ouro!

E, talvez, analisemos as sociedades indígenas que Colombo encontrou no Novo Mundo. Como viviam? Como se relacionavam entre si? De modo geral, as histórias sobre Colombo narradas nas escolas não mencionam como os índios viviam neste continente.

Enviaram-me uma carta sobre a obra de William Brandon. Há décadas ele pesquisa sobre os índios e suas comunidades neste hemisfério, antes e depois de Colombo. É uma história incrível, que levaria qualquer um a questionar o capitalismo, a ganância, a competição, a desigualdade de renda e a hierarquia.

Para começo de conversa, é considerado subversivo narrar uma outra história sobre Colombo, uma nova História sobre os nativos americanos.

Além disso, o período de Reconstrução está sendo contado de outra forma. O livro de Eric Foner, *Reconstruction*, é maravilhoso, pois dá à Reconstrução um tratamento distinto daquele que aprendi na faculdade na década de 1950, já que, diga-se de passagem, *Black Reconstruction,* de W. E. B. DuBois, um predecessor vital da obra de Eric Foner, não constava de minha lista de leitura.

Assim, grande parte do ensino de História mudou. Não o suficiente, mas o bastante para assustar os guardiões da antiga.

Há alguns anos, ao dirigir-se a um grupo de reitores de universidades, John Silber, reitor da Universidade de Boston, falou de modo sombrio sobre esses professores que "envenenam o bem-estar da comunidade acadêmica". Seus dois principais exemplos? Noam Chomsky e Howard Zinn.

Silber deve pensar que existe algum tipo de bem puro que indivíduos como Chomsky e eu arruínam. É esse o tipo de denúncia em grande escala contra a educação realizada pela direita neste país, que alega que a educação era excelente antes da chegada dos multiculturalizadores, antes de termos estudos feministas, negros, nativo-americanos e *chicanos*. O bem era puro antes de os alunos lerem *The Autobiography of Malcolm X* e Thomas Hardy, antes de receberem *I, Rigoberta Menchú*, Tolstoi e Rousseau.

Mas não era um bem assim tão puro. Ele o era apenas no sentido da pureza racial que foi tão comentada nos anos do fascismo — um bem que, para mim, era venenoso. E perpetuou uma educação que ignorou muitos povos do mundo.

Eis uma pergunta fácil: como a mudança social ocorre?

Obrigado, David. Posso respondê-la em trinta segundos. Você acha que eu sei? O que procuro fazer é analisar situações históricas e extrapolar essa análise. Vemos a mudança acontecer quando há um acúmulo de injustiça até atingir o ponto de ebulição. Então, algo acontece. O que ocorreu no Sul nas décadas de 1950 e 1960? Não que, de repente, os negros tenham sido submetidos à escravidão mais uma vez, nem houve um evento precipitante que os impelisse. Segundo a classe sulista dominante branca gostava de dizer, os negros estavam progredindo. Foi um progresso glacial, lentíssimo, mas progrediam. Porém, o ideal na mente dos negros era: "Temos que ser iguais e ser tratados como iguais." O progresso que se fazia no Sul estava longe disso. O reconhecimento dessa diferença — entre o que deveria ser e o que era — existiu por muito tempo, mas aguardou até que uma centelha se acendesse.

Nunca sabemos que centelha resultará em conflagração. Afinal de contas, antes dos boicotes de ônibus em Montgomery, outros ocorreram. Antes dos protestos da década de 1960, houve manifestações em outras dezesseis cidades entre 1955 e 1960, às quais ninguém prestou atenção e que não deram origem a um movimento.

Mas, então, em Greensboro, em 1º de fevereiro de 1960, os quatro universitários fizeram greve, e foi uma desorganização total. A partir de então, nada foi como antes.

Acho que isso é um incentivo às pessoas que agem sem saber se seus atos terão algum resultado. Agimos muitas e muitas vezes, e nada acontece. Temos que agir, agir, agir; acender o fósforo, acender o fósforo, acender o fósforo, sem saber com que freqüência ele vai crepitar e apagar e quando irá arder. Foi isso o que aconteceu no movimento pelos direitos civis e o que acontece em outros movimentos. As coisas demoram. É preciso ter paciência, mas não uma paciência passiva — a paciência do ativismo.

Quando eu estive na África do Sul, em 1982, foi interessantíssimo. Temos conhecimento de livros sendo banidos; lá, pessoas foram banidas. Não podiam falar, não tinham o direito de ir e vir. A polícia secreta estava em toda parte. Pouco antes de eu chegar à Universidade de Capetown, a polícia secreta da África do Sul invadira os escritórios do jornal estudantil daquela universidade e desapareceu com todo o material. Isso acontecia o tempo todo. O clima era de terror. Talvez pudéssemos pensar que nada aconteceria ali. Mas depois de passar pela experiência do Sul, eu estava ciente de que, sob a superfície do controle total, as coisas estavam fervendo; havia algo no ar. Eu não sabia quando explodiria, mas há pouco tempo vimos a explosão. De repente, Mandela saiu de Robben Island e tornou-se Presidente da nova África do Sul.

Os exemplos históricos de mudança social deviam nos encorajar, mostrando-nos como mudanças surpreendentes ocorrem de modo súbito, quando menos se espera, não por causa de um milagre divino, mas porque as pessoas trabalharam pacientemente por muito tempo.

Quando desanimamos porque agimos e nada acontece, devemos entender que a única maneira de as coisas acontecerem é superarmos a idéia de que precisamos ver o sucesso imediato. Se o fizermos e persistirmos, então veremos mudanças antes mesmo de percebê-las.

Vamos falar sobre a esquerda americana e seus valores. Quais são os valores esquerdistas, para você?

Quando penso em valores de esquerda, penso em socialismo — não no sentido soviético, nem burocrático, nem bolchevista, mas no socialismo segundo Eugene Debs, Mother Jones, Emma Goldman e socialistas anarquistas. Valores de esquerda são, em essência, igualitários. Se eu tivesse de dizer o que está no âmago dos valores esquerdistas, escolheria a idéia de que todos têm um direito fundamental às boas coisas da vida, ao que é necessário, que não deveria existir desproporções no mundo.

Isso não significa igualdade perfeita; é provável que conseguiríamos atingi-la. Percebo que seu suéter é melhor do que o meu, mas nós dois temos um suéter, o que já é alguma coisa.

A Declaração da Independência — a idéia de que todos têm igualdade de direito à vida, à liberdade e à busca da felicidade — para mim é uma declaração notável de valores esquerdistas. Obviamente, apenas os homens faziam parte da Declaração da Independência. Ela teve que ser ampliada, como as feministas de 1848 fizeram quando criaram uma nova Declaração que acrescentava "mulheres" ao texto. Agora, ela tem de ser estendida internacionalmente.

Um dos valores cruciais que a esquerda precisa abraçar, através das fronteiras nacionais, é o da igualdade e o da solidariedade internacionais. Isso é importantíssimo, porque tudo muda se começarmos a entender que a vida de crianças em outros países equivale à vida de crianças no nosso. Assim, a guerra torna-se impossível.

Ao proferir palestras em todo o país, apresentando o que para mim são valores de esquerda, falo sobre o direito de igualdade de todos e sobre estender os princípios da Declaração de Independência ao mundo todo. Aonde quer que eu vá, constato que as pessoas concordam com meu ponto de vista — e não se trata de um público cativo, formado apenas por esquerdistas; são assembléias de pessoas, mil estudantes do ensino médio que se reúnem entusiasticamente para me ouvir. Isso faz sentido, parece certo, parece moral.

Então, essas pessoas passam a aceitar o que antes era inaceitável, por exemplo, o fato de que o bombardeio de Hiroshima pode ser uma questão polêmica dentro dos limites do debate geralmente definidos em nossa sociedade. Mas se os mudarmos por meio da simples introdução da idéia de que as crianças do Japão têm o mesmo direito à vida que as dos Estados Unidos, então, de repente, é inconcebível lançar uma bomba em Hiroshima, assim como o seria fazê-lo sobre as crianças de Nova York, mesmo que o objetivo disso fosse terminar a Segunda Guerra mais depressa.

Fale sobre a idéia de igualdade de oportunidade, que é um grande tema, versus a igualdade de condição e, depois, o resultado disso.

Os conservadores e, às vezes, os liberais, fazem tempestade em copo d'água: "Ah, veja, o que queremos dar ao povo é apenas igualdade de oportunidade. Nós lhes daremos educação, deixaremos que saiam pelo mundo e veremos o que acontecerá." De modo geral, é isso. "Fizemos o melhor possível e, agora, que sobrevivam os mais aptos." É uma idéia darwiniana. Nossos valores devem ser que as pessoas tenham acesso à saúde, à moradia, ao trabalho, à alimentação e à educação, ou seja, às coisas fundamentais de que necessitam e que devem ser garantidas. Dizer que damos oportunidade ao povo confina à pobreza aqueles indivíduos que não têm, digamos, aptidões ou inteligência para ganhar dinheiro: as qualidades especiais que permitem que alguns fiquem milionários. Essas pessoas podem ser poetas ou músicos, ou apenas gente decente ou carpinteiros, e assim por diante. Mas não terão uma chance. Por isso, é importantíssimo nos livrarmos da idéia de que basta dar ao povo a hipotética igualdade de oportunidade.

Você disse: "Não podemos continuar com a atual polarização de riqueza e pobreza." Por que não?

Não sei quanto tempo podemos levar essa polarização adiante, mas sei que não será indefinidamente. Essa diferença crescente entre riqueza e pobreza é a receita para problemas, para desastres, para conflitos e para explosões. De um lado, temos o índice médio Dow Jones subindo cada vez mais e, do outro, a vida das pessoas na cidade. Nos últimos quinze anos, a média do Dow Jones subiu 400%. No mesmo período, os salários da classe trabalhadora caíram 15%. Agora, o 1% mais rico da população possui 43, 44% da riqueza, mais do que os costumeiros 28, 30, 32%, o que já é bastante ruim e uma constante na história americana. No século XVII, estudos dos registros de contribuintes fiscais em Boston mostraram que 1% da população possuía 33% da riqueza. Se analisarmos as estatísticas em toda a história americana, veremos esse valor, um pouco mais ou um pouco menos, praticamente constante. Agora está cada vez pior. Essa situação não pode continuar.

Então, apesar de os analistas dizerem que a população está passiva e quiescente, você acha que existe espaço para dissidência?

Sem dúvida. Cinco mil pessoas vão me ouvir em Duluth, Minnesota. Não são antigos fãs da esquerda e de mensagens radicais. Talvez vão por curiosidade. Um artigo no jornal ou algo parecido aguça o interesse, e eles vão me ouvir.

Então, transmito o que acredito ser uma mensagem radical, ou seja, digo o que está errado em nosso sistema econômico e político. É fundamental. Precisamos redistribuir a renda neste país e usá-la de modo racional. Precisamos pegar esse enorme orçamento armamentista e não apenas reduzi-lo, mas também destroçá-lo, porque temos que decidir, de uma vez por todas, que não iremos mais à guerra. Não faremos mais intervenções militares. Se não formos mais à guerra, então teremos 250 bilhões de dólares. Não precisamos nos preocupar com Medicare, com Previdência Social, com cuidados infantis, com saúde e com educação. Poderemos ter uma sociedade melhor.

Digo coisas que, se mencionadas no The NewsHour with Jim Lehrer, provocariam comentários como: "Isso é demais para nossos ouvintes." Não é. É preciso que as pessoas ouçam o bom senso. A lógica é que, se somos um país tão rico, então ninguém pode passar fome, não ter onde morar e nem acesso à saúde. No país mais rico do mundo, ninguém deveria ser privado dessas coisas. Temos os recursos, mas estão sendo desperdiçados ou distribuídos a alguém em algum outro lugar. É a lógica. Por isso, há gente neste país, milhões de pessoas, que ouvem essa mensagem e dizem: "Sim, sim, sim!"

Ben Bagdikian
Abril 1997

Ben Bagdikian já fez de tudo um pouco. Ganhou quase todos os prêmios importantes do jornalismo americano, entre os quais o Pulitzer. Sua carreira como repórter e editor já dura mais de cinqüenta anos. No *Washington Post*, Bagdikian foi fundamental na publicação de *Pentagon Papers*. Depois, passou da redação do jornal à vida acadêmica, tornando-se reitor da Graduate School of Journalism da Universidade da Califórnia, em Berkeley. Agora aposentado, é um crítico importante de sua profissão, ou seja, do jornalismo.

É pela publicação do inovador *O monopólio da mídia*; em 1983 (no Brasil, em 1993), que descreve a crescente concentração de controle dos meios de comunicação de massa —, que Bagdikian talvez seja mais conhecido. Os críticos rebateram-no, dizendo que era um alarmista e que não confiava na capacidade que o próprio mercado tinha para se equilibrar. Mas, de qualquer maneira, Bagdikian subestimou o problema: o conglomerado da mídia acelerou na última década, e a Lei de Telecomunicações de 1996 deu um incentivo maior à mania das fusões.

Bagdikian nasceu em uma família armênia, em 1921, no final do genocídio turco contra os armênios. Sua fuga para a América, que ocorrera na infância, é contada com grande emoção em suas memórias, *Double Vision*.

Bagdikian apanhou-me na estação de metrô próxima à sua casa em Berkeley. Sentamo-nos no sofá de sua sala de estar e começamos a conversar. Contou-me que, certa vez, quando estava em busca de uma reportagem, usou meu sobrenome como pseudônimo. Sem dúvida, estávamos destinados a realizar esta entrevista.

※

Na primeira edição de O monopólio da mídia, você identificou cinqüenta empresas que controlam a maioria dos meios de comunicação de massa nos Estados Unidos. Qual é a situação atual?

Os novos atores estão maiores do que nunca e tragaram alguns dos antigos. O que temos agora é um pequeno número de empresas, cada qual com muito mais poder de comunicação do que qualquer coisa que existiu antes. Temos a Disney–ABC, que possui importantes jornais, uma rede de televisão, cinemas, estúdios e livros. Controla cada etapa do processo: a criação do conteúdo, o controle nacional do sistema de entrega e o cabo que chega aos lares. É um circuito fechado. Ninguém entra sem permissão.

Como isso afeta a Primeira Emenda da Constituição?

Ela baseou-se na suposição de que todos tinham liberdade de expressão em público ou de pagar alguns centavos a um tipógrafo para publicar alguns pôsteres que poderiam, então, ser afixados em tavernas ou em árvores. E se as pessoas não concordassem com o que o manifestante dizia, poderiam subir em um caixote na outra extremidade do parque e expressar sua opinião.

Não temos mais vilarejos em que a maioria da população viva. Temos esses enormes complexos urbanos, e nada é decidido pela reunião dos habitantes em um ponto central onde se ouve os prós e os contras da questão a ser resolvida.

De fato, a Primeira Emenda diz que você, eu ou a mulher da casa ao lado somos livres para criar um jornal metropolitano de cem milhões de dólares, uma rede de TV de cinqüenta bilhões ou uma editora internacional se assim o desejarmos. Tudo de que precisamos é dinheiro e crédito ilimitados.

Um número cada vez maior de cidades vê seu segundo jornal desaparecer. Qual a conseqüência disso?

Temos cerca de 1.500 cidades com jornais diários no país. Na maioria delas, há apenas um. Portanto, em termos práticos, temos um jornal por cidade, mas temos um número cada vez maior de cidades sem jornais diários. As pessoas, em uma extremidade da Cidade A — que pode ter 160km de diâmetro e incluir dez ou doze comunidades distintas —, verão notícias de uma comunidade na outra extremidade dessa área. Trata-se de notícia barata e homogeneizada. Notícias locais são onerosas. O repórter tem que receber um salário, direitos trabalhistas e plano de aposentadoria, ao passo que, se tivermos banalidades, entretenimento e matérias de agências de notícias, teremos, em mãos, uma máquina que produz a custo irrisório. Se não fosse a existência de estações de rádio e de publicações semanais alternativas, haveria pouquíssimo diferencial na expressão e no conteúdo veiculados pelos meios de comunicação de massa.

Os jornais falam constantemente da necessidade de reduzir custos. Por quê?

É a economia do obeso que, sentado à mesa farta, não tem a opção de escolher entre três tipos de rosbife. Em tempo de vacas gordas, o lucro médio do setor de jornais diários é quatro vezes o lucro médio do setor industrial. Em tempos de recessão, é apenas duas ou três vezes maior.

Wall Street está liderando a tendência para que as redações dos jornais se tornem cada vez menores?

Sim, não é uma questão de pensar se os clientes estão satisfeitos, mas se os analistas de Wall Street estão e o que está acontecendo às ações. Os editores costumavam tomar as decisões, mas, agora, isso é função dos analistas de Wall Street. Além disso, quando existe uma editora local que tem alternativa sobre ações, e, em muitos casos, o principal editor local tem alternativa sobre ações, o dinheiro poupado nas notícias vai direto para o bolso deles, que lucram ao dar à comunidade o mínimo possível de notícias reais.

Advogados empresariais estão interferindo cada vez mais nas redações dos jornais. Houve um incidente no ano passado envolvendo 60 Minutes e Brown & Williamson, o gigante do tabaco. A CBS ia transmitir uma entrevista, mas os advogados disseram: "Recuem." Qual a sua opinião?

Foi vergonhoso. A CBS não quis ir aos tribunais para defender a colocação no ar de alguém capaz de mostrar que as empresas de tabaco mentiram; ela não quis ir ao tribunal dizer:

"Essa empresa que está nos processando mata pessoas." Não foi ruim, mas é preciso ter dinheiro.

E as empresas de tabaco diversificaram. Embora não façam mais propaganda na televisão, são donas de grandes empresas alimentícias que o fazem. São poderosas e com enorme orçamento para publicidade.

A única coisa inviolável no noticiário padrão americano é o sistema empresarial. Não necessariamente qualquer empresa particular, porque essas entram em ações judiciais, em crimes espetaculares e são pegadas em flagrante. Mas se apontarmos para o sistema que recompensa esses crimes — e faz que a maioria deles seja quase inevitável — isso é difícil de ser publicado e quase impossível de ir ao ar.

Fale sobre o acesso ao poder como forma de controle jornalístico. Erwin Knoll, o falecido editor de The Progressive, *disse-me que, certa vez, fez uma pergunta muito crítica a Lyndon Johnson em uma entrevista coletiva. Nas subseqüentes, ele não foi convidado. Se a área que você tem de cobrir é a Casa Branca ou o palácio do governo e o Presidente ou o Governador nunca retorna seus telefonemas nem responde às suas perguntas, o editor não ficará muito satisfeito e logo você terá que procurar outro emprego.*

Isso depende da integridade do editor. Não considero tão importante o fato de o jornalista não ser convidado para as coletivas porque ele faz perguntas incômodas. Há inúmeros jornalistas presentes, cuja função é questionar como se fosse um promotor de justiça — a pergunta de Sam Donaldson, a pergunta acusatória. Em geral, ela não tem muito conteúdo, é mais o modo como é formulada.

Lembro-me da primeira entrevista coletiva com John Kennedy. Foi pouco depois do fiasco na Baía dos Porcos. Os repórteres habituais faziam perguntas, como sempre, sobre estratégia. Devia ter havido mais cobertura aérea? Deveriam ter usado um outro tipo de avião no desembarque? Poderiam ter usado melhores informações? Dick Dudman, meu amigo e colega, foi convidado a perguntar. Ele disse: "Sr. Presidente, o senhor deveria ter invadido Cuba ou ter resistido?" Todos os jornalistas na primeira fila, as redes, os serviços de transmissão, voltaram-se com indignação, porque ele fez essa pergunta irreverente, que era crucial, porque, como sempre, eles estavam preocupados com estratégias, táticas e as margens, não com o cerne da questão. O número de perguntas cruciais que não são feitas em entrevistas coletivas presidenciais daria um livro.

O que você acha da condição de celebridade que muitos jornalistas, sobretudo os âncoras de redes de televisão, alcançaram?

"Ancorite" é uma doença terrível. Acho que a pior coisa que pode acontecer a um jornalista é ele tornar-se uma celebridade, pois isso pode torná-lo corrupto e destruir sua carreira. O trabalho honesto do jornalista é observar, ouvir, aprender. O trabalho da celebridade é ser observada, dar informações aos outros sobre si, ser o objeto de atenção, em vez de ser a observadora de um determinado objeto.

Então, as associações de jardinagens convidam esses jornalistas de renome e lhes pagam 5.000, 10.000, 20.000 dólares para aparecerem e transmitirem sua sabedoria de Washington. Todos nós já fomos a essas sessões em comunidades pelo país afora em que jornalistas famosos levam a palavra às províncias. É assustador o volume de informações frívolas e dogmáticas. Jornalistas são para ser lidos, e não para ser vistos.

O que explica o crescimento e a aparente popularidade de programas de debates e de entrevistas na TV e no rádio, os chamados programas de gritaria em que os diversos participantes empenham-se em ver quem grita mais?

De modo geral, a explicação vem dos próprios comerciais. A regra prática, na maior parte da televisão comercial, é que a tela não pode se manter inalterada por mais de dois ou três segundos. Por isso, se tivermos imagens saltitantes — bang, bang, bang, bang — na tela o tempo todo, maior é a probabilidade de o espectador absorver passivamente, sem criticar, o comercial seguinte — bang, bang, bang — que lhe diz que terá um amante maravilhoso se usar o tipo certo de desodorante ou que será eternamente jovem se beber Pepsi-Cola. É claro que isso é um absurdo, mas não se estiver em um contexto que incentiva sua aceitação passiva.

É por isso que programas de grande popularidade, como a minissérie *Roots*, por exemplo, que alcançou enorme audiência, não gera muito dinheiro. A maioria dos patrocinadores não quer anunciar em programas assim porque o telespectador está compenetrado, e tentar lhe dizer, nessas circunstâncias, que o uso de determinado cosmético fará que ele conquiste o melhor amante do mundo, não combina com o clima de seriedade presente. O espectador apenas dará boas risadas ao ver o comercial.

Por isso, aqueles que anunciam na televisão querem o que chamam de "clima alto astral" para o comercial. E isso determina a natureza da parte não comercial do programa. O conteúdo está sempre sob pressão para ser degradado social e intelectualmente e de qualquer outro modo.

Na maioria das pesquisas de opinião, quando se pede aos americanos que avaliem as instituições públicas, os meios de comunicação de massa ficam entre as entidades mais odiadas nos Estados Unidos. Por quê?

Em parte, o povo tem razão; porém, há também muita injustiça para com os bons jornalistas. Alguém em um caso sensacionalista — um escândalo sexual, um caso semelhante ao de O. J. Simpson — sai do fórum e é atacado por um bando de abutres. Todos aproximando microfones e câmeras de seu rosto, não para obter informações reais, mas para conseguir o sinal de som para seu canal e, assim, poder fazer perguntas grosseiras, que são feitas por fazer e não por causa de suas respostas. É uma cena repugnante.

O público vê isso e diz: "Se isso é jornalismo, dispenso."

Gradualmente, no decorrer dos anos, o que passou a ser importante é a aparência dos cabelos e não o que funciona debaixo deles. O que se tornou relevante é a projeção da personalidade e não a capacidade de fazer boas perguntas sobre situações pertinentes e dar respostas claras.

Os atuais administradores das redes de transmissão querem rapidez e sujeira. É uma questão de objetivo. Podem ganhar mais dinheiro rapidamente com uma matéria sobre um acidente sangrento. Trata-se de um reflexo da ganância na televisão, e não de falta de competência.

Um dos estereótipos mais nocivos no jornalismo é que o público não quer saber de assuntos sérios. Isso é bobagem. Os espectadores estão interessadíssimos em temas sérios que afetam suas vidas pessoais de modo substancial. Não há dúvida sobre isso.

O cara que corre o risco de perder o emprego no setor de abotoadeiras lerá e ouvirá qualquer coisa que esteja acontecendo nesse setor. O indivíduo que teme não conseguir pagar a hipoteca da casa porque o crédito foi reduzido, e ele pode perder o emprego está preocupadíssimo com as taxas de juros.

A pessoa que tem um filho na escola, entusiasmado em estudar e, subitamente, descobre que metade das disciplinas que o atraem não será oferecida tem enorme interesse na política educacional.

Se temos conhecimento disso e o respeitamos, podemos fazer um bom programa de rádio ou um bom jornal. É possível tratar de temas sérios. Não precisamos ser 100% solenes, mas podemos apresentar tópicos que têm relevância para a vida do telespectador, e ele prestará atenção.

Você praticou e lecionou jornalismo durante anos. Como transmitia aos alunos suas idéias de objetividade e de equilíbrio?

Objetividade é uma palavra que não uso. O jornalismo, por natureza, não é objetivo. Jornalismo é olhar uma cena social, política, econômica, humana e decidir o que relatar naquele quadro tão complexo. A objetividade real é um tipo de uniformidade. O de que mais gosto é imparcialidade e equilíbrio, mas também conscientização de relevância social.

E um assunto que lhe é tão caro, como a Armênia? Alguns intelectuais continuam negando a ocorrência do genocídio na Turquia. Como você trataria essa matéria?

Eu mostraria o que eles dizem e, depois, apresentaria provas. Os Estados Unidos apóiam a Turquia na omissão dessas informações, porque eles a querem como um pára-choque contra outros países e porque, entre outras coisas, nossas empresas de tabaco têm enorme interesse na Turquia — não apenas como mercado, mas como fonte da matéria-prima. Mas, de modo geral, é porque os EUA, por motivos geopolíticos, vêem a Turquia como um bastião contra o Islã fundamentalista religioso, altamente antiocidental.

Por isso, a Turquia consegue se safar com a prática de assassinatos, com uma história de genocídio e com a negação dos acontecimentos. O máximo que diz é que houve uma guerra civil entre armênios e turcos. Infelizmente, a maioria dos mortos era armênia, é claro, mas *c'est la guerre*.

Então você incluiria todas essas informações em sua reportagem.

Sim, eu incluiria o que os turcos dizem e a explicação que dão. Acredito no preceito de John Stuart Mill: Deixe os argumentos se confrontarem, mas deixe que ambos os lados o façam.

Mas assim você não estaria contribuindo para a legitimidade desse debate ao mostrar ambos os lados?

Neste caso, o que se faz é contribuir para uma resposta que até agora não existiu. Os turcos têm passe livre neste país. Têm o apoio do governo americano em tudo o que dizem, apoio para o país, e o governo dos EUA se recusa a condenar o envolvimento turco no genocídio. Não é a mesma coisa de se criar um público para o lado turco que não existiu. Os turcos têm anúncios de página inteira e uma enorme máquina de relações públicas. Há professores pró-turcos em universidades americanas. E o lado oposto, simplesmente, não se pronuncia com freqüência. Os armênios não formam um grande grupo no eleitorado americano. Eu não estaria tomando a iniciativa de divulgar o argumento turco, mas de divulgar a resposta ao argumento turco.

Digamos que alguém decida fundar a Sociedade da Terra Plana. Fazem-se reuniões, publicam-se livros, revistas e fazem-se programas de rádio e de TV. Você faz reportagens sobre as atividades da Sociedade da Terra Plana. Eu, como consumidor de notícias, subitamente fico em dúvida. Ah, eu achava que a Terra era redonda. Talvez haja outro ponto de vista.

Acho que funciona assim: se houvesse, digamos, algo como uma Sociedade da Terra Plana, provavelmente se diria: "Muitas autoridades estão dizendo que a Terra é plana. Estão erradas. Vou lhes dizer por que e como sabemos que estão enganadas. Quando você vê um navio seguindo em direção ao horizonte, ele não desaparece de uma vez. O que desaparece primeiro? A proa. Depois, a parte inferior do mastro e, em seguida, sua parte superior."

Acredito que cada geração precisa recriar a realidade contra certos tipos de ilusões que, sem dúvida, existirão, pois surgem da inocência, da venalidade da natureza humana. Temos que reagir a elas repetidamente. Temos de propagar a racionalidade, o humanismo, o que aprendemos na história da raça humana e que nunca se acaba. Isso tem que ser feito a cada geração.

Que medidas devemos tomar para melhorar os meios de comunicação de massa?

Em primeiro lugar, eu revogaria essa Lei das Telecomunicações que, além de ser uma proteção ultrajante para as grandes empresas, não resolve qualquer dos problemas fundamentais. Segundo essa lei, haveria concorrência entre as companhias telefônicas e as de cabo, mas a primeira coisa que fizeram foi a criação de *joint ventures* e uniram-se para formar um monopólio.

Eu exigiria que todos os portadores de licenças dedicassem uma porcentagem significativa de seu tempo de transmissão às necessidades comunitárias públicas.

Eu incentivaria a TV de baixo alcance, a TV de bairro. O que isso significa? Os bairros podem falar sobre seus problemas: escola, coleta de lixo, problemas no *playground*. Além disso, a tinturaria e a farmácia de pequeno porte poderiam anunciar ali.

Nos dois meses que antecedem cada eleição, eu diria que todo candidato relevante deveria ter espaço no horário nobre para usá-lo como quisesse, mas em segmentos de 15 minutos, não de um. Completamente gratuito. E quando digo candidatos relevantes, isso pode ser administrado de várias maneiras. Aqueles que conseguiram 5% ou mais em uma eleição anterior ou que estão concorrendo pela primeira vez e têm muitas assinaturas ganham tempo livre. Eu proibiria toda a publicidade política paga na televisão americana.

Essas coisas são viáveis, existem em outros países; em democracias da Europa Ocidental e no Japão.

Além disso, faria outra coisa. Criaria não apenas um canal público, mas vários, que não seriam comerciais. Permitiria que fossem amadores. Ninguém se importa com uma produção amadora se o assunto for interessante. Se as pessoas desejarem debater se a construção de uma fábrica deve ser permitida ao lado da escola local, não é preciso um cenário pomposo, nem oradores. Em questões locais, não precisamos de equipamentos onerosos e de alta potência, nem de locutores com voz agradável. Pessoas comuns podem fazê-lo. Na maioria das vezes, cidadãos comuns são eloqüentes quando falam sobre questões pertinentes ao seu bairro. É isso que falta na televisão atual e no rádio, de modo geral.

Portanto, há muito que pode ser feito.

E eu trabalharia para mudar o sistema básico. Temos um sistema comercialmente corrupto e precisamos mudá-lo tanto no nível inferior — localmente — quanto no topo, onde as decisões não são tomadas pelo público americano, mas pelos grandes *lobbies* industriais.

Há muito tempo ninguém diz à população que ela é dona dos canais de transmissão e que os indivíduos que detêm as licenças o fazem sob a condição de se comportar bem. Não estamos vendo bom comportamento. Por isso, temos que conscientizar o povo. É uma tarefa árdua.

Como isso acontecerá?

A mídia será afetada mais por eventos externos do que por qualquer acontecimento interno. Esses eventos externos irão representar o surgimento de novos partidos, progressistas e socialmente conscientes, e espero ainda estar vivo para presenciar isso. Precisamos de organizações cidadãs. Isso está ocorrendo em todo o país. Está acontecendo no chamado New Party. Está acontecendo em algo denominado Alliance. Espero que em dez ou quinze anos tenhamos forças políticas que mudarão os meios de comunicação de massa. Eles não mudarão sozinhos.

Impresso no Brasil pelo
Sistema Cameron da Divisão Gráfica da
DISTRIBUIDORA RECORD DE SERVIÇOS DE IMPRENSA S.A.
Rua Argentina 171 – Rio de Janeiro, RJ – 20921-380 – Tel.: 2585-2000